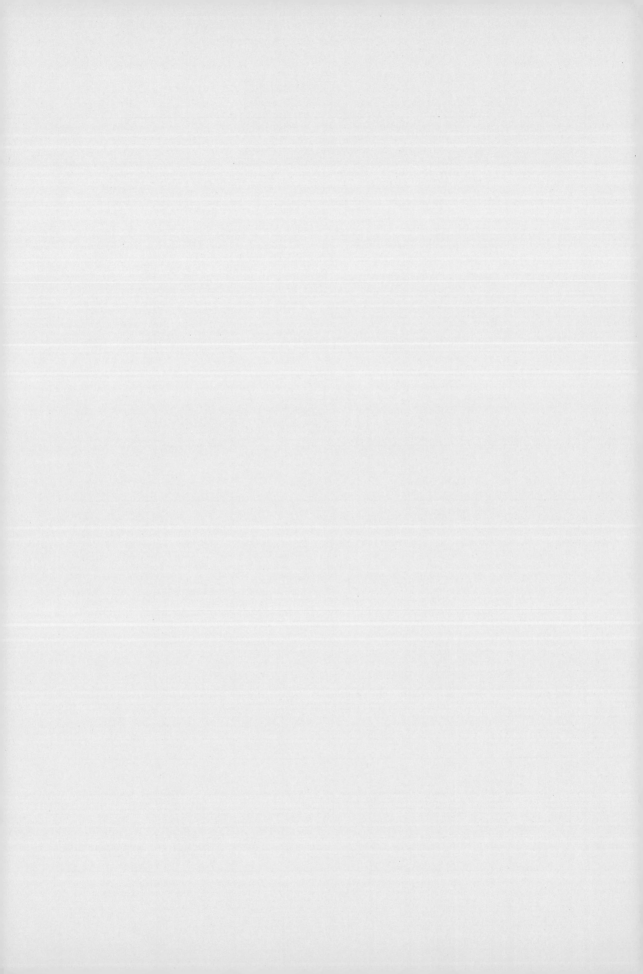

ルーブリックの視点で進める
総合的な学習の時間がすごい！
思考の言葉とICT機器を活用して

磯部 征尊

Masataka Isobe

三恵社

はじめに

　突然ですが，あなたの実践が，総合的な学習の時間かどうかを一緒に考えましょう。以下，二つの実践を紹介します。

> **誓眞教諭の実践**
>
> 　導入では，世界各国の環境問題（温暖化現象やプラスチックゴミ問題等）の動画や写真等の提示を行った。子供は，環境問題への興味・関心を抱き，「図書館の資料や，インターネット，新聞等を活用して，環境問題をまとめよう」という思いをもって取り組む。
>
> 　子供たちは，関連のある資料を整理したり，タブレット端末で調査結果をまとめたりする。単元の終末では，保護者や地域の方々に対し，自分達が調べた環境問題を紹介しつつ，「環境を保全することが大切だ」と伝える。

> **亜樹教諭の実践**
>
> 　導入では，生活科で関わった学校近隣の森林公園の環境を心配し，環境保全に取り組む地域の人々の話を聞かせる。その後，実際に森林公園に行き，状況を調査する。
>
> 　ゴミの多さや，多くの木が枯れている状況を目の当たりにした子供は，「何とかしないと！」と思い，市役所の環境対策課や地域の人々と一緒に解決策を考え，森林公園の環境を守る活動を行う。単元の終末では，一連の成果と課題をまとめ，「環境を保全することの大切さ」を保護者や地域の方々へ伝える。

　誓眞教諭の実践も，亜樹教諭の実践も，どちらも総合的な学習の時間として行われています。しかしながら，誓眞教諭の実践は，総合的な学習の時間としては不十分です。誓眞教諭の実践では，子供達が発表会を通じて，環境保全が大切であることを主張していました。その後，多くの子供達が自分の生活スタイルや態度を変える様子が見られませんでした。

　一方，亜樹教諭の実践では，単元終了後も，家族と森林公園に行き，ゴミ拾いをしたり，植樹を行ったり等と，環境への興味・関心を一層高め，環境を保全しようとする態度も見られるようになりました。つまり，多くの子供達が，環境に対する見方・考え方を変容させたのです。

　子供が自ら主体的かつ，能動的に探究するために必要なポイントは，「本物の人・もの・ことに出会わせること」，「学習集団全体の問い（学習課題）をつくること」，「子供に探究の方法・手順を選択させること」です。

　本書を通じて，「本物」の総合的な学習の時間づくりの一助につながれば幸いです。

2023 年 3 月吉日

愛知教育大学

准教授　磯部　征尊

目　次

第1章　総合的な学習の時間って何だろう？

　本章では，総合的な学習の時間への理解を深めるための序章として，総合的な学習の時間が着目されるようになった社会背景を最初に押さえる。次に，総合的な学習の時間の目標や内容について，学習指導要領を引用しながら解説する。また，考えるための技法とプログラミング的思考との関係を整理する。最後に，総合的な学習の時間の評価を考える。

1.1 小・中学校で総合的な学習の時間を行う意義

我々の身近な生活は，日々，急激に進化している。例えば，2025年頃には，「AIが人の代役になる」，2045年には「AIが人を超える」等と，技術革新の進展は大きな期待に満ち溢れている。このように，進化した人工知能(AI)が様々な判断を行ったり，身近な物の働きがインターネット経由で最適化されたりする時代の到来(第4次産業革命)が，社会や生活を大きく変えると予測されている。

英国オックスフォード大学の研究者であるカール・フレイ博士とマイケル・オズボーン博士は，2013年に発表した論文の中で，今後10〜20年程度の間に，世の中にある仕事の約半分が自動化される可能性が高い，という予測をしている[1]。このように，他の職種も次々に自動化されている時代になっていくことが推察される。

このようなSoceity5.0の時代に突入するにあたり，学校教育の変革が求められている。小学校学習指導要領（平成29年告示）解説　総則編[2]の「改定の経緯」には，以下のように述べられている。

> 学校教育には，子供たちが様々な変化に積極的に向き合い，他者と協働して課題を解決していくことや，様々な情報を見極め知識の概念的な理解を実現し情報を再構成するなどして新たな価値につなげていくこと，複雑な状況変化の中で目的を再構築することができるようにすることが求められている（p.1）。

そこで，今回の学習指導要領では，各学校において教育課程を軸に学校教育の改善・充実の好循環を生み出す「カリキュラム・マネジメント」の実現を目指すことになったのである。そのための視点は，6点示されている。

① 「何ができるようになるか」（育成を目指す資質・能力）
② 「何を学ぶか」（教科等を学ぶ意義と，教科等間・学校段階間のつながりを踏まえた教育課程の編成）
③ 「どのように学ぶか」（各教科等の指導計画の作成と実施，学習・指導の改善・充実）
④ 「子供一人一人の発達をどのように支援するか」（子供の発達を踏まえた指導）
⑤ 「何が身に付いたか」（学習評価の充実）
⑥ 「実施するために何が必要か」（学習指導要領等の理念を実現するために必要な方策）

田村（2019）[3]は，「総合的な学習の時間を，学校としては各教科等で育成された資質・能力を『活用・発揮』する時間として位置づけてはいかがでしょうか。資質・能力は子どもの中で，インテグレート（統合）され，確かになっていくと期待できる（pp.184-184)」と提案している。一方，同氏は，「生活科や総合的な学習の時間での学習活動や成果が，各教科等の学習の動機付けや実感的な理解につながるといった良さも考えられます（p.138)」とも述べている。つまり，総合的な学習の時間は，①〜⑥の視点を担う中核的な時間として位置付けられていると言える。

1.2 小・中学校の総合的な学習の時間の目標と資質・能力

　初めに，小学校における総合的な学習の時間の目標を表1に示す。

表1　総合的な学習の時間の目標（p. 8）[4]

探究的な見方・考え方を働かせ，横断的・総合的な学習を行うことを通して，よりよく課題を解決し，自己の生き方を考えていくための資質・能力を次のとおり育成することを目指す。
(1)　探究的な学習の過程において，課題の解決に必要な知識及び技能を身に付け，課題に関わる概念を形成し，探究的な学習のよさを理解するようにする。
(2)　実社会や実生活の中から問いを見いだし，自分で課題を立て，情報を集め，整理・分析して，まとめ・表現することができるようにする。
(3)　探究的な学習に主体的・協働的に取り組むとともに，互いのよさを生かしながら，積極的に社会に参画しようとする態度を養う。

　表1より，「探究的な見方・考え方を働かせ」という文言がある。これは，総合的な学習の時間が，探究的な学習の重要性を踏まえ，探究的な学習の過程を総合的な学習の時間の本質と捉え，中心に据えていることを意味する。（1）〜（3）は，中央教育審議会答申（平成28年12月21日）に示されている「育成を目指す資質・能力の三つの柱」として，他教科と同様，（1）が「知識及び技能」，（2）が「思考力，判断力，表現力等」，（3）が「学びに向かう力，人間性等」を表している。総合的な学習の時間における学習では，問題解決的な活動を発展的に繰り返していく点が特徴的である（図1）。

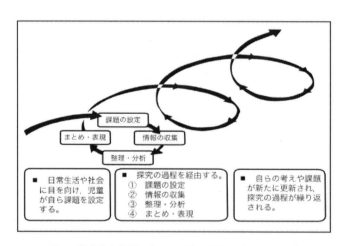

図1　探究的な学習における児童の学習の姿（p. 9）[4]

　図1より，平成20年の「小学校学習指導要領解説　総合的な学習の時間編」以降，「探究的な学習における児童の学習の姿」として，「①課題の設定」「②情報の収集」「③整理・分析」「④まとめ・表現」の一連の学習過程が示されている。

6

次に,「各学校において定めるべき目標」の設定を解説する。各学校においては,表1（第1の目標）を踏まえつつ,総合的な学習の時間の目標を定め,その実現を目指すことが求められている。その際,以下の2点を踏まえることが求められている。

（1）「探究的な見方・考え方を働かせ,横断的・総合的な学習を行うことを通すこと」,「よりよく課題を解決し,自己の生き方を考えていくための資質・能力を育成すること」という,目標に示された二つの基本的な考え方を踏襲すること。

（2）育成を目指す資質・能力については,「育成すべき資質・能力の三つの柱」である「知識及び技能」,「思考力,判断力,表現力等」,「学びに向かう力,人間性等」の三つのそれぞれについて,第1の目標の趣旨を踏まえること。

※下線は,筆者が付けた部分である。

今回の特徴の一つが,下線部分の「育成すべき資質・能力の三つの柱」である。総合的な学習の時間においても,他教科と同様に,目指すべき資質・能力が明確に示された（表2）。

表2　育成すべき資質・能力

知識及び技能	（1）探究的な学習の過程において,課題の解決に必要な知識及び技能を身に付け,課題に関わる概念を形成し,探究的な学習のよさを理解するようにする。
思考力,判断力,表現力等	（2）実社会や実生活の中から問いを見いだし,自分で課題を立て,情報を集め,整理・分析して,まとめ・表現することができるようにする。
学びに向かう力,人間性等	（3）探究的な学習に主体的・協働的に取り組むとともに,互いのよさを生かしながら,積極的に社会に参画しようとする態度を養う。

表2の「知識及び技能」では,今回より,どのような知識を身に付けることが必要なのかという点が示されたことが大きな特徴の一つである。学習者には,探究的な見方・考え方を働かせて,教科等横断的に取り組むことで得られる知識や技能は何かを注視することが極めて必要である。「思考力,判断力,表現力等」は,図1で述べた探究的な学習の過程において発揮される力として位置付けられている。「思考力,判断力,表現力等」の具体の中には,「教科等横断的な情報活用能力」や「問題発見・解決能力」を構成している個々の「知識及び技能」や,「考えるための技法（以下,思考の言葉）」を用いて,課題の状況に合わせて選択・適用・組み合わせ・活用できるようになることが期待されている。「学びに向かう力,人間性等」の「探究的な学習に主体的・協働的に取り組む」ためには,自分で設定した課題の解決に向けて真剣かつ本気になって学習活動に取り組むことが求められている。また,他者と協働的に取り組み,様々な意見を生かして新しい知識を創造しようとすることが必要であることも理解しておくべき点である。

1.3 小・中学校の総合的な学習の時間の内容

1.2で述べた目標と資質・能力，本節で解説する「各学校において定める内容」との関係図を図2に示す。

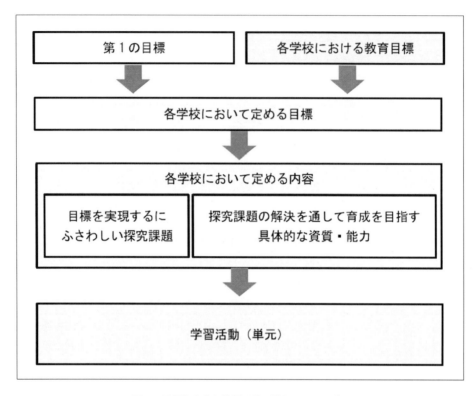

第1の目標　　各学校における教育目標

↓　　　↓

各学校において定める目標

↓

各学校において定める内容

| 目標を実現するにふさわしい探究課題 | 探究課題の解決を通して育成を目指す具体的な資質・能力 |

↓

学習活動（単元）

図2　目標と内容と学習活動の関係（p.68）⁴⁾

1.2で述べた「各学校において定めるべき目標」を定めた後には，各学校において定める内容がある。それが，「目標を実現するにふさわしい探究課題」と「探究課題の解決を通して育成を目指す具体的な資質・能力」である。「目標を実現するにふさわしい探究課題」は，「例えば，国際理解，情報，環境，福祉・健康などの現代的な諸課題に対応する横断的・総合的な課題，地域の人々の暮らし，伝統と文化など地域や学校の特色に応じた課題，児童の興味・関心に基づく課題など（p.73）」⁴⁾と示されている（下線は筆者）。例示された三つの課題には，三つの要件を踏まえることが求められている。

（1）探究的な見方・考え方を働かせて学習することがふさわしい課題であること

（2）その課題をめぐって展開される学習が，横断的・総合的な学習としての性格をもつこと

（3）その課題を学ぶことにより，よりよく課題を解決し，自己の生き方を考えていくことに結び付いていくような資質・能力の育成が見込めること

次に，三つの課題の具体例を表3に示す。

表3　三つの課題に関する具体例

現代的な諸課題に対応する横断的・総合的な課題	国際理解：地域に暮らす外国人とその人たちが大切にしている文化や価値観 情報：情報化の進展とそれに伴う日常生活や社会の変化 環境：身近な自然環境とそこに起きている環境問題 福祉：身の回りの高齢者とその暮らしを支援する仕組みや人々 健康：毎日の健康な生活とストレスのある社会 資源エネルギー：自分たちの消費生活と資源やエネルギーの問題 食：食をめぐる問題とそれに関わる地域の農業や生産者 科学技術：科学技術の進歩と自分たちの暮らしの変化
地域や学校の特色に応じた課題	町づくり：町づくりや地域活性化のために取り組んでいる人々や組織 伝統文化：地域の伝統や文化とその継承に力を注ぐ人々 地域経済：商店街の再生に向けて努力する人々と地域社会 防災：防災のための安全な町づくりとその取組
児童の興味・関心に基づく課題	キャリア：実社会で働く人々の姿と自己の将来 ものづくり：ものづくりの面白さや工夫と生活の発展 生命：生命現象の神秘や不思議さと，そのすばらしさ

　表3より，現代的な諸課題に対応する横断的・総合的な課題としては，8点示されている。特に，「資源エネルギー」「食」「科学技術」に関する課題は，理科や社会，算数・数学，技術・家庭科等の STEAM（Science, Technology, Engineering, Arts and Mathematics）教育や SDGs をキーワードとした教科横断的な課題である。地域や学校の特色に応じた課題は，4点提示されている。特に，伝統文化や防災は，小学校社会科や理科，中学校の技術・家庭科技術分野と関連させることが十分に可能である。児童の興味・関心に基づく課題は，3点示されている。

　三つの課題は，「互いにつながり合い，関わり合っている課題であり，それぞれの学習活動の広がりと深まりによって，しばしば関連して現れてくる（p.76）」[4] ことに留意することが大切である。各学校においては，表3の通り，扱いたい内容が多い中，各学校で定めた目標及び児童・生徒の実態や興味・関心等に配慮しつつ，限られた時数の中で適切に扱うことが可能な内容の選択・精選が求められる。

　「探究課題の解決を通して育成を目指す具体的な資質・能力」は，「各学校において定める目標に記された資質・能力を各探究課題に即して具体化したものであり，児童が各探究課題の解決に取り組む中で，教師の適切な指導により実現を目指す資質・能力（p.78）」[4] と解説されている。各学校においては，各学校において定める目標と共に，探究課題の解決を通して育成を目指す具体的な三つの資質・能力（どのような児童・生徒を育てたいのか）を示すことが必要である。

1.3.1　知識及び技能

　探究課題の解決を通して育成を目指す「知識・技能」には，事実的知識と技能が考えられる。「知識及び技能」は，各学校が設定する内容に応じて異なるため，学習指導要領においては，習得すべき知識や技能については示されていない。一方，事実的知識には，三つの性質が示されている。その三つとは，「多様性（それぞれには特徴があり，多種多様に存在している）」，「相互性（互いに関わりながらよさを生かしている）」，「有限性（物事には終わりがあり，限りがある）」である。例えば，「ものづくりの面白さや工夫と生活の発展」を探究課題として設定した場合には，以下の通りである。

　　多様性：ものづくりには，木材加工・生物育成・エネルギー変換・情報等，様々な分野
　　　　　　があること
　　相互性：ものづくりは，消費者及び開発者の視点から考えつつ，つくることの面白さや便
　　　　　　利な生活の発展を目指していること
　　有限性：生活の発展のためには，科学技術のメリットとデメリットを考慮しつつ，限られ
　　　　　　た資源を大切に扱うこと

　他の探究課題も，これら三つの性質を含む事実的知識を設定することが望ましい。技能についても，探究的な学習の過程に必要な技能の例を明示しつつ，探究的な学習過程を繰り返し，必要に応じて活用できる技能を身に付けさせることが大切である。

1.3.2　思考力，判断力，表現力等

　「思考力，判断力，表現力等」は，課題の解決に向けて行われる横断的・総合的な学習や探究的な学習において，図1で示した「①課題の設定」，「②情報の収集」，「③整理・分析」，「④まとめ・表現」の探究的な学習の過程の連続を通して育成される。探究の各過程における思考力，判断力，表現力等の深まりの例示を表4に示す。

表4　探究の過程における思考力，判断力，表現力等の深まり（例）（p.80を一部改変）[4)]

課題の設定	情報の収集	整理・分析	まとめ・表現
より複雑な問題状況，確かな見通し，仮説 例） ・問題状況の中から課題を発見し設定する ・解決方法や手順を考え，見通しをもって計画を立てる　等	より効率的・効果的な手段，多様な方法からの選択 例） ・情報収拾の手段を選択する ・必要な情報を収集し，蓄積する　等	より深い分析，確かな根拠付け 例） ・問題状況における事実や関係を把握し，理解する ・多様な情報にある特徴を見付ける ・事象を比較したり関連付けたりして課題解決に向けて考える　等	より論理的で効果的な表現，内省の深まり 例） ・相手や目的に応じてわかりやすくまとめ表現する ・学習の進め方や仕方を振り返り，学習や生活に生かそうとする　等

10

「思考力，判断力，表現力等」は，高次の学力の一つであり，目に見えにくい学力である。つまり，ある探究課題を通して，「思考力，判断力，表現力等」が身に付くのではなく，複数の単元を通して，かつ，複数学年や学校段階を経て少しずつ育成されていく力である。そのため，児童・生徒の発達段階や探究的な学習への習熟の状況，学校の実態やニーズ等に適した設定が必要である。

1.3.3　学びに向かう力，人間性等

　「学びに向かう力，人間性等」は，自分自身に関すること及び他者や社会との関わりに関することの両方の視点を踏まえることが重要である。自分自身に関することと，他者や社会との関わりに関することは，三つの例示から整理されている（表5）。

表5　学びに向かう力，人間性等（p.81を一部改変）[4]

	例）自己理解・他者理解	例）主体性・協働性	例）将来展望・社会参画
自分自身に関すること	探究的な活動を通して，自分の生活を見直し，自分の特徴やよさを理解しようとする	自分の意思で，目標をもって課題の解決に向けた探究に取り組もうとする	探究的な活動を通して，自己の生き方を考え，夢や希望などをもとうとする
他者や社会との関わりに関すること	探究的な活動を通して，異なる意見や他者の考えを受け入れて尊重しようとする	自他のよさを生かしながら協力して問題の解決に向けた探究に取り組もうとする	探究的な活動を通して，進んで実社会・実生活の問題の解決に取り組もうとする

　表5の往還した矢印に注目したい。「自分自身に関することと他者や社会との関わりに関することとは截然と区別されるものではなく（p.81）」[4]と解説されているように，両者が一体となった資質・能力として発揮され，育成されるようになることが期待されている。大切なことは，自分自身に関することと，他者や社会との関わりに関することの両者の関係性とバランスを意識することである。また，「学びに向かう力，人間性等」は，「思考力，判断力，表現力等」と同様，高次の学力の一つである。そのため，以下の3点の視点と方向性で高まりながら，ゆっくりと着実に育んでいくことが期待される。
（1）より複雑な状況や多様で異なる他者との間においても発揮されるようになること
（2）より自律的で，しかも安定的かつ継続的に発揮されるようになること
（3）「自分自身に関すること」，「他者や社会との関わりに関すること」は互いにつながりのあるものとなり，両者が一体となった資質・能力として発揮され，育成されるようになること
　各学校において育成を目指す「学びに向かう力，人間性等」を設定するに当たっては，
（1）～（3）を参考にしつつ，ゆっくりとした高まりを目指すことが期待されている。

11

1.4　小・中学校の総合的な学習の時間と他教科との違い

　本節では，総合的な学習の時間と各教科との違いを整理する（表6）。

表6　総合的な学習の時間と各教科との共通点及び相違点

比較項目	各教科	総合
身に付けさせるべき知識及び技能	○	○
生き方を考えさせること	△	○
問題解決力を身に付けさせること	○	○

　総合的な学習の時間の知識及び技能は，今回の学習指導要領の改定により，具体的な資質・能力の一つとして，総合的な学習の時間においても位置付けられた。一方，知識及び技能は，各学校が設定する内容に応じて異なるため，学習指導要領においては，習得すべき知識や技能については示されていないことに留意する必要がある。

　総合的な学習の時間と各教科との大きな相違点は，「生き方を考えさせる」点である。総合的な学習の時間では，本物の人・もの・ことに出会わせ，実感を伴って見方や考え方を変容させることが極めて重要である。児童・生徒が自ら意欲的に探究する姿に迫るほど，本物の総合的な学習の時間になる。本物の総合的な学習の時間の区別は，以下の2点が実現出来ているかどうかで決まる。

> （1）学習者が実感を伴って見方・考え方を変容したり，自覚したりしていること
> 　　　＝子供が生き方を考えていること
> （2）課題を解決する力（課題設定力，企画力，探究力，表現力等）を高めていること

　しかし，「生き方を考えさせること」だけを想起しても，身につけさせるべき知識及び技能を明確にしなければ，授業のイメージを明確にすることは困難である。また，総合的な学習の時間のねらいが達成されなかった場合，学習者にとっては，何の授業だったのか，何を学んだのかが分からない状態になる。そのため，総合的な学習の時間では，以下のポイントを考慮した上で，各学校において定める目標の設定からスタートすることが大切である。

> ・児童の実態　・地域の実態　・学校の実態
> ・児童の成長に寄せる保護者の願い　・児童の成長に寄せる地域の願い
> ・児童の成長に寄せる教職員の願い

　上記の点を考慮した目標を設定する点は，他教科と異なる点である。重要なことは，「適切な分量の中で各学校が大切にしたいことを，分かりやすい表現で盛り込むように工夫すること（p.72）」[4]である。その後，授業者が扱う単元を決め，どのような内容を扱うのかを決めると共に，授業を構想・実践していく。

1.5 プログラミング的思考と考えるための技法との関係

初めに，総合的な学習の時間の構造イメージを図3に示す。

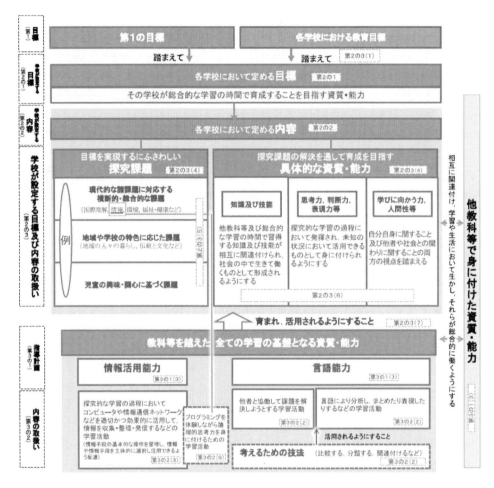

図3　総合的な学習の時間の構造イメージ（小学校）（p. 18）[4]

　図3より，一番左側の上の「目標」から「学校が設定する目標及び内容の取り扱い」
は，1.2〜1.3で解説を行った。本節は，「教科等を超えた全ての学習の基盤となる資質・
能力」に着目する。情報活用能力は，今回の学習指導要領において，学習の基盤の一つと
して新たに設定された能力である。今回の改定の要点の内，「③学習内容，学習指導の改
善・充実」では，以下の2点が情報活用能力に関する改定の要点である（pp.6-7）[4]。
・教科等を越えた全ての学習の基盤となる資質・能力を育成するため，課題を探究する
　中で，協働して課題を解決しようとする学習活動や，<u>言語により分析し，まとめたり
　表現したりする学習活動（比較する，分類する，関連付けるなどの，「考えるための
　技法」を活用する）</u>，<u>コンピュータ等を活用して，情報を収集・整理・発信する学習</u>

活動（情報手段の基本的な操作を習得し，情報や情報手段を主体的に選択，活用できるようにすることを含む）が行われるように示した。
・プログラミングを体験しながら論理的思考力を身に付ける学習活動を行う場合には，探究的な学習の過程に適切に位置付くようにすることを示した。

　二重線は，情報活用能力に関する学習活動である。下線部分は，考えるための技法を活用する学習活動である。今回の改定では，図３の通り，言語能力を育成するために考えるための技法の活用と，情報活用能力を育むためのコンピュータ等を用いたプログラミング的思考の活用の両者が求められている。次節では，考えるための技法と，プログラミング的思考との関係を整理する。

1.5.1　考えるための技法

　考えるための技法とは，「考える際に必要になる情報の処理方法を，『比較する』，『分類する』，『関連付ける』のように具体化し，技法として整理したもの（p.83）」[4]である。考えるための技法を活用する意義は，３点ある（p.84）[4]。

（1）探究の過程のうち特に「情報の整理・分析」の過程における思考力，判断力，表現力等を育てるという意義である。
（2）協働的な学習を充実させるという意義である。
（3）総合的な学習の時間が，各教科等を越えた全ての学習の基盤となる資質・能力を育成すると同時に，各教科等で学んだ資質・能力を実際の問題解決に活用したりするという特質を生かすという意義である。

　1.5.2で解説するプログラミング的思考も，考えるための技法を活用する意義と同義であると考える。考えるための技法には，「考える種類（以下，思考の種類）」と，「技法（以下，可視化する方法）」に分けて整理すると分かりやすい（表７）。
　表７より，思考の種類は，10種類紹介されている。各思考には，具体的な場面を想定した例示も示されている。例えば，「順序付ける」という思考は，「複数の対象について，ある視点や条件に沿って対象を並び替える」という意味である。各思考を意識的に使えるようにするための可視化する方法は，一部分が例示されている。考えるための技法を可視化することの意義は，以下の３点である（p.86）[4]。

（1）教科等を超えて，児童の思考を助けること
（2）協働的な学習，対話的な学習がしやすくなること
（3）学習の振り返りや指導の改善に活用できること

　考えるための技法は，問題解決的な学習の解決に必要な技法の一つである。大事なことは，目指す授業や単元のゴールを明確にし，どのような目的と，どのようなタイミングで使用するのかを計画的に考えることである。

表7　思考の種類と可視化する方法（pp. 84-86）[4]

思考の種類※	具体例	可視化する方法
順序付ける	複数の対象について，ある視点や条件に沿って対象を並び替える。	
比較する	複数の対象について，ある視点から共通点や相違点を明らかにする。	・事例を一つずつカードや付箋紙に書き出し，性質の近いものを一カ所に集めるという手法
分類する	複数の対象について，ある視点から共通点のあるもの同士をまとめる。	・分類するについては，縦軸と横軸を設定して4象限に書き込むこと
関連付ける	・複数の対象がどのような関係にあるかを見付ける。 ・ある対象に関係するものを見付けて増やしていく。	ある事象を中央に置き，関連のある言葉を次々に書き出し，線でつないでいくという方法（ウェビング）
多面的に見る・多角的に見る	対象のもつ複数の性質に着目したり，対象を異なる複数の角度から捉えたりする。	
理由付ける（原因や根拠を見付ける）	対象の理由や原因，根拠を見付けたり予想したりする。	
見通す（結果を予想する）	見通しを立てる。物事の結果を予想する。	
具体化する（個別化する，分解する）	対象に関する上位概念・規則に当てはまる具体例を挙げたり，対象を構成する下位概念や要素に分けたりする。	
抽象化する（一般化する，統合する）	対象に関する上位概念や法則を挙げたり，複数の対象を一つにまとめたりする。	共通する性質を見いだすこと
構造化する	考えを構造的（網構造・層構造など）に整理する。	

※「順序付ける」は，情報活用能力の知識及び技能の目標「身近な生活でコンピュータが活用されていることや，問題解決のためにコンピュータ等に指示を出すには必要な手順があることに気付く

　（p. 57）。」[5] に記載されている手順（順次処理・反復処理・分岐処理）の内，「順次処理」と類似している。

1.5.2　プログラミング的思考

　学習の基盤の一つとして位置付けられた情報活用能力は，「学習活動において必要に応じてコンピュータ等の情報手段を適切に用いて情報を得たり，情報を整理・比較したり，得られた情報をわかりやすく発信・伝達したり，必要に応じて保存・共有したりといったことができる力であり，さらに，このような学習活動を遂行する上で必要となる情報手段の基本的な操作の習得や，プログラミング的思考，情報モラル，情報セキュリティ，統計等に関する資質・能力等も含むものである（pp.50-51）」[2]と記載されている。情報活用能力は，情報教育の目標の中で，3観点（以下，力），「A 情報活用の実践力」，「B 情報の科学的な理解」，「C 情報社会に参画する態度」で整理されている[6]。つまり，情報活用能力とは三つの力を総称した資質・能力である（表8）。

表8．学習の基盤となる資質・能力（情報活用能力）と三つの柱との関係（磯部，2020：p.49）[5]

三つの柱	A 情報活用の実践力	B 情報の科学的な理解	C 情報社会に参画する態度
知識及び技能	・課題や目的に応じた情報手段を適切に活用する（文字の入力，電子ファイルの保存・整理，インターネットの閲覧，電子メールの送受信）	・身近な生活でコンピュータが活用されていることに気付く ・問題解決のためにコンピュータに指示を出すには必要な手順があることに気付く（手順，データ，構造化など）	・情報社会でのルール・マナーを遵守する（法の理解と遵守） ・情報を正しく安全に利用することに努める（安全への知恵） ・生活の中で必要となる情報セキュリティの基本を知る（情報セキュリティ）
思考力，判断力，表現力等	・必要な情報の主体的な収集・判断・表現・処理・創造する	・論理的に考えを進める ・動きに分ける ・記号にする ・一連の活動にする ・組み合わせる ・振り返る	・発信する情報や情報社会での行動に責任を持つ（情報社会の倫理） ・情報社会の危険から身を守ると共に，不適切な情報に対応する（安全への知恵） ・情報セキュリティの確保のために，対策・対応がとれる（情報セキュリティ）
学びに向かう力，人間性等	・受け手の状況を踏まえた発信・伝達を行う	・試行錯誤する態度を養う ・多様性を認める人間性を養う ・挑戦する態度を養う ・協働する態度を養う	・情報に関する自分や他者の権利を尊重する（情報社会の倫理） ・安全や健康を害するような行動を制御する（安全への知恵） ・情報社会の一員として，公共的な意識を持つ（公共的なネットワーク社会の構築）

16

表8の「B 情報の科学的な理解」の「思考力，判断力，表現力等」に着目すると，6種類の思考が示されている。6種類の思考を総称した思考が，プログラミング的思考である（磯部，2020）[5]。プログラミング的思考とは，「自分が意図する一連の活動を実現するために，どのような動きの組合せが必要であり，一つ一つの動きに対応した記号を，どのように組み合わせたらいいのか，記号の組合せをどのように改善していけば，より意図した活動に近づくのか，といったことを論理的に考えていく力」[2]である。本稿では，磯部（2020）[5]が整理した表（19ページ参照）を踏まえつつ，総合的な学習の時間の10種類の思考（表7）とプログラミング的思考との関係を整理する（表9）。

表9　プログラミング的思考と総合的な学習の時間で紹介されている思考との対応表

思考の種類[1, 2]	プログラミング的思考	総合的な学習の時間で紹介されている思考（表7）
推量する	論理的に考えを進める思考	見通す（結果を予想する）
逆発想する		
加減する		理由付ける（原因や根拠を見付ける）
視点（立場），あるいは観点を変える	動きに分ける思考	多面的に見る・多角的に見る
焦点化する		
再分類・再編成する①		多面的に見る・多角的に見る
共通の基準で見る	記号にする思考	分類する
帰納的に見る		抽象化する（一般化する，統合する）
演繹的に見る		構造化する
比較する	一連の活動にする思考	比較する
関係付ける		関連付ける
類推する		
拡張する①	組み合わせる思考	
再分類・再編成する②		多面的に見る・多角的に見る
変換する		
拡張する②	振り返る思考	
具象化する		具体化する（個別化する，分解する）
連想する		構造化する

1）思考の種類は，他にも「仮定する（もし〜ならば，〜となる」がある。「仮定する」思考は，表7の※で述べた情報活用能力の知識及び技能の一つ，分岐処理の考えに近いので，ここでは省略した。

2）各思考の詳細は，19ページの別表を参照。

17

表9より，プログラミング的思考の内，論理的に考えを進める思考は，「理由付ける（原因や根拠を見付ける）」，「見通す（結果を予想する）」の2種類の思考と関連性が高いことが分かる。動きに分ける思考は，「多面的に見る・多角的に見る」の思考と類似していると言える。他のプログラミング的思考においても，総合的な学習の時間で紹介されている思考と関連性があることが分かる。総合的な学習の時間の授業を展開する際，表9を参考にすることで，育むべきプログラミング的思考も明確にすると共に，「思考力，判断力，表現力等」を一層養うことが可能になると考える。

1.6　総合的な学習の時間の評価

　総合的な学習の時間における学習状況の評価については，前回と同様，ペーパーテスト等の評価方法によって数値的に評価することは適当ではないことが示されている（p.126）[4]。具体的な評価については，「具体的な児童の姿を見取るに相応しい評価規準を設定し，評価方法や評価場面を適切に位置付けることが欠かせない（p.126）」[4]ことが強調されている。

　総合的な学習の時間における評価規準の作成手順は，以下の通りである。

（1）各学校の全体計画や単元計画を基に，単元で実現が期待される育成を目指す資質・能力を設定する。

（2）設定した資質・能力は，各観点の評価規準としてそのまま当てはめることが可能である。または，各観点に即して実現が期待される児童・生徒の姿がイメージできる場合，どの場面のどのような学習活動なのかを評価規準に明記することが望ましい。

　総合的な学習の時間の評価の方法については，「信頼される評価の方法であること」，「多面的な評価の方法であること」，「学習状況の過程を評価する方法であること」の3点が重要である。多面的な評価の方法としては，以下の評価方法が考えられる。

・発表やプレゼンテーションなどの表現による評価

・話合い，学習や活動の状況などの観察による評価

・レポート，ワークシート，ノート，絵などの制作物による評価

・学習活動の過程や成果などの記録や作品を計画的に集積したポートフォリオを活用した評価

・評価カードや学習記録などによる児童の自己評価や相互評価

・教師や地域の人々等による他者評価　　など

　下線を引いた評価方法は，ルーブリックを活用したポートフォリオ評価法または，スタンダード準拠評価と呼称することも出来る。具体的な評価の進め方は，第3章で具体的な教育実践内容を踏まえて紹介する。

別表　思考の言葉とプログラミング的思考との関係（磯部，2020：p.81 を一部改変）[5]

プログラミング的思考	思考の言葉	子供が用いる思考の言葉例
論理的に考えを進める思考	○推量する	・「～は，○○になっている。だから，～は△△なのではないか」 ・「～と～の結果を基に考えると，△△という結果が予想される」
	○逆発想する	・「もし～でなく，その反対であったら，どうなるだろうか」
	○加減する	・「～の時は，何を使ったらよいかな」 ・「もし～がなかったとしたら，どうなるだろうか」
動きに分ける思考	○視点（立場），あるいは観点を変える	・「もし～の観点（視点・角度・理論・立場など）から見たら，どうなるだろうか」
	○焦点化する	・「まず，できるだけたくさん可能なものを挙げて，その中から，一番ふさわしいものを選んでみよう」
	○再分類・再編成する①	・「他の基準で分類したらどうなるだろうか」
記号にする思考	○共通の基準で見る	・「～にあてはめると～になる」
	○帰納的に見る	・「A，B，Cから，～のきまりが言える」
	○演繹的に見る	・「～と～のきまりから，Dが説明できる」 ・「～はEである。Fは～である。だから，FはEだと言える」
一連の活動にする思考	○比較する	・「○○と△△とを比較して，その違いから～だと分かる」
	○関係付ける	・「○○と△△がどのように関係しているのか」 ・「～の原因として，どんなことが考えられるだろうか」 ・「○○は，以前学習した□□とよく似ている。だからこの方法を試してみよう」 ・「経験上，○○は～であると言える」
	○類推する	・「～で，うまくいったので，～でも，うまくいくであろう」
組み合わせる思考	○拡張する①	・「では，～の場合はどうなるだろうか」
	○再分類・再編成する②	・「～を構成する要因（原因）や項目は何であるか，もう一度見直してみよう」
	○変換する	・「大きさ（長さ・重さ・体積・傾きなど）が変わったら，どうなるだろうか」
振り返る思考	○拡張する②	・「他にもっとよいやり方はないかな」 ・「良かったところは～で，次頑張りたいことは～だ」
	○具象化する	・「図をかいて考えてみてはどうかな」
	○連想する	・「～と似たものに，どんなものがあるだろうか」 ・「～という考えが，○○という情報を基に，□□という考えに変化した」

第2章　総合的な学習の時間を効果的に進めるために

本章では，総合的な学習の時間を効果的に進めるために，初めに，授業のつくり方や進め方を解説する。次に，総合的な学習の時間で重要な「協働的な学び」を行う基本的なルールを紹介する。その次に，第1章で整理した様々な思考と思考ツールとの関係を整理する。

2.1 授業のつくり方と進め方

　1時間の授業は，四つの学習過程に区分することが出来る。その四つとは，導入・展開・まとめ・振り返りである。本書では，四つの学習過程に基づく問題解決的な授業のつくり方（以下，四色板書のつくり方）を紹介する（図1）[1]。

　図1の①～⑥は，授業をつくるための基本的な手順である。初めに行うことは，「本時のまとめ（目指す姿）」を具体的に書くことである。目指す姿には，子供に話してほしいことや書いてほしいこと，対話してほしいこと，表してほしいことを具体的に書くことが，問題解決的な授業づくりの第一歩である。総合的な学習の時間や社会科のような1単元が複数の時数から構成されている場合，「単元のまとめ（目指す姿）」として，単元を通して目指す姿を明らかにする。

　次に，「本時のまとめ（目指す姿）」に正対する「学習課題」を考える。学習課題は，学校や地域によっては，「めあて」「問題」と表現する場合もある。本書で用いる学習課題とは，「解決したい課題（児童・生徒が解決したいと考える課題）」「解決しないといけない課題（児童・生徒が解決しないと次に進まない課題）」である。例えば，環境問題を扱った総合的な学習の時間において，その時間の「本時のまとめ」が「身近にリサイクルできるものを見付けることが大切である」と仮定する。その場合の学習課題は，「環境問題を解決するために自分に出来ることは何だろうか」となる。他のパターンも含めて，表1に「本時のまとめ」と「学習課題」を例示する（表1）。

表1　学習課題とまとめの例示

５Ｗ１Ｈ	学習課題※	まとめ
何を	日なたと日陰の実験結果から分かったことは，<u>何</u>だろうか。	日光には，ものを温める働きがあり，色々な場面で生活に生かせることが分かった。
いつ	Society4.0 とは，<u>いつ</u>の時代なのだろうか。	Society4.0 とは，情報社会と呼ばれており，21 世紀初頭以降と言われている。
どこで・どこへ	集めたごみは，一体<u>どこ</u>へ運ばれていくのだろうか。	集めたごみは，グリーンセンターへ運ばれていく。
誰が	親切にされることで，一番嬉しいと感じる人は，<u>誰</u>なのだろうか。	一番嬉しいと感じる人は，最後の方に登場するおじいさんです。
なぜ	<u>なぜ</u>，機械と人間で分業をしているのだろうか。	機械は危険な作業も出来て，人間は丁寧な作業が出来て，それぞれの良さがあるから。
どのように	調べてきたカードは，<u>どのように</u>したら整理できるだろうか。	複数のカードの違いを見付ながら分類すると，簡単に整理出来る。

※下線は，５Ｗ１Ｈに該当する箇所である。学習課題の主語は，子供である。学習課題の文末は，「～だろうか」「～を考えてみたい」等と表現すると，子供発の学習課題へ変容する。

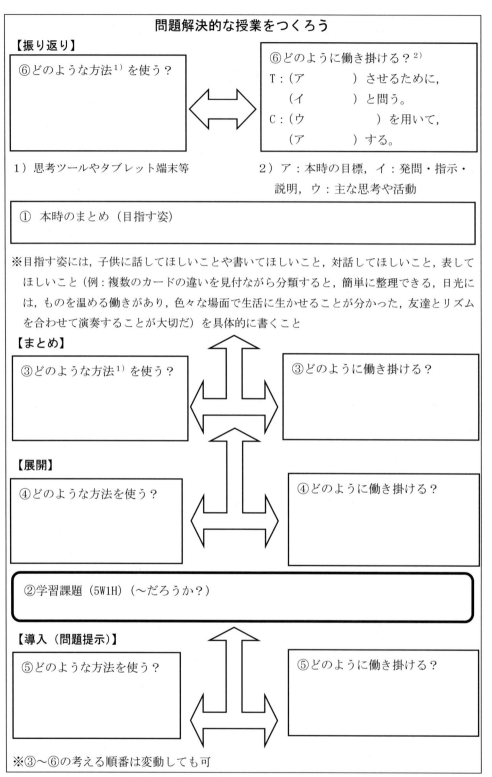

問題解決的な授業をつくろう

【振り返り】

⑥どのような方法[1]を使う？

⑥どのように働き掛ける？[2]
T：（ア　　　）させるために，
（イ　　　）と問う。
C：（ウ　　　　）を用いて，
（ア　　　）する。

1）思考ツールやタブレット端末等

2）ア：本時の目標，イ：発問・指示・説明，ウ：主な思考や活動

① 本時のまとめ（目指す姿）

※目指す姿には，子供に話してほしいことや書いてほしいこと，対話してほしいこと，表してほしいこと（例：複数のカードの違いを見付ながら分類すると，簡単に整理できる，日光には，ものを温める働きがあり，色々な場面で生活に生かせることが分かった，友達とリズムを合わせて演奏することが大切だ）を具体的に書くこと

【まとめ】

③どのような方法[1]を使う？

③どのように働き掛ける？

【展開】

④どのような方法を使う？

④どのように働き掛ける？

②学習課題（5W1H）（～だろうか？）

【導入（問題提示）】

⑤どのような方法を使う？

⑤どのように働き掛ける？

※③～⑥の考える順番は変動しても可

図1　四色板書に基づく問題解決的な授業をつくるためのワークシート

「本時のまとめ（目指す姿）」に正対する「学習課題」を考えた次は，「まとめ」に向かう働き掛け（発問・指示・説明）（図1の③）や，具体的な方法を考える。その後，「展開」の働き掛け（図1の④），「学習課題」を設定する導入の働き掛け（図1の⑤）の順に考えていく。最後に，振り返りをさせる働き掛け（図1の⑥）を考える。③〜⑥の順番は，基本形である。図1下の※にも明記した通り，③〜⑥の考える順番は変動して構わない。ただし，導入から働き掛けを考えると，学習課題とまとめが正対しない場合が生じる可能性があることに留意しておく必要がある。

　次に，働き掛けの基本的な書き方を紹介する。図1の⑥内に示されている「T」は授業者，「C」は児童・生徒を意味する（表2）。

表2　働き掛けの書き方（3年生理科「明かりをつけよう」）

T：（ア　LEDランプを点灯させる条件を確認）させるために，（イ　どのような回路にしたらLEDランプが点灯するか）と問う。 C：（ウ　今までの学習や体験）を用いて，（ア　LEDランプを点灯させる条件を確認）する。

　表2より，アは，本時の目標に関する内容を記述する。イには，そのための働き掛けを記入する。ウは，その働き掛けによって起こる主たる思考や活動を書く。ア〜ウを指導案に反映することで，児童・生徒の思考のイメージが容易になる。「どのような方法を使う？」欄には，イとウを効率的または，効果的に進めるための手立てや方法を記載しておく。詳細な方法は，第5章で紹介する。

2.1.1　1時間の授業の流れについて

　筆者が提唱する四色板書を取り入れた授業改善を図った学校の一つが，愛西市立永和小学校である。当校は，1時間の授業の流れを，以下のように説明している（p.10）[2]。

単元を通した学習を踏まえ，1時間の授業の流れの基本線を設けた。主体的・対話的で深い学びを実現するために，<u>大きく「思考を深める学習」と「知識・技能を高める学習」の2つに分け</u>，学びに合わせた「めあて」を用意することで，児童が無理なく学ぶことができるように工夫した。 　また，どちらの学習においても四色板書を取り入れ「もんだい」「めあて」「まとめ」「ふりかえり」の段階を設けた。ただ，学習の内容や進度によっては（特に思考を深める学習の場合が多いと考えられる），「ふりかえり」から授業が始まったり，「まとめ」で終わったりすることもあるが，深い学びにつながるのであれば必要と考え，特に制限は設けていない。学習過程は単元の流れと同じ言葉を用い，混乱を避けた。

　当校では，下線の通り，授業スタイルを大きく2種類で区分した点が特徴的である（図2）。

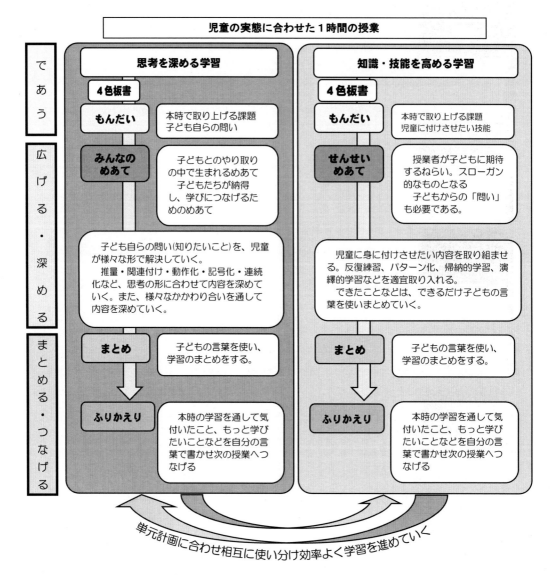

図２　児童の実態に合わせた１時間の授業

　図２より，左側は，「思考を深める学習」の四色板書例である。右側は，「知識・技能を高める学習」の四色板書例である。どちらの学習も，四色板書の展開は共通している。最も異なる点は，めあての設定である。授業者が教える場面が重視される知識・技能を高める学習では，問題を提示した後，授業者が児童・生徒に期待するねらいを提示する場合が多いため，「せんせいめあて」のプレートを用いて授業を行う。「思考力，判断力，表現力等」の観点を重視した思考を深める学習の場合には，問題を提示した後，児童・生徒との対話を通して生まれるめあてを大切にするため，「みんなのめあて」のプレートが登場して授業が展開していく。総合的な学習の時間では，思考を深める学習を重視した授業展開が必要である。

　四色板書を意識した実際の写真を写真１～３に紹介する。

24

写真1　国語科「写真をもとに話そう」

写真2　算数科「少数のたし算」

写真3　理科「身近な植物」

　どの写真のめあても，図2の「みんなのめあて」が設定されている。四色板書を意識した授業を行うことで，「子供の思考を大切にできる」，「授業のゴールを，教師も子供も意識できる」，「授業の流れが子どもの中に定着する」，「授業を改善しようという意欲につながる」等，授業力向上につながる様々な効果が得られる。働き掛けを考えるためのポイントを，以下に整理する。

（1）働き掛けは，「まとめ」→「展開」→「導入」→「振り返り」の順番で考えること
　　・子供に考えさせたいこと（思考の言葉を使った考え）は何か。
　　・子供は，その考え方（思考の言葉）を身に付けているか。
　　・子供は，その考え方（思考の言葉）を自分の言葉でアウトプット出来るか。
（2）まとめに正対する学習課題を確認すること
　　・主発問は，どこにあるか。
　　・考えをインプットする場とアウトプットする場はあるか。
（3）まとめに向かうための思考の言葉を選んでいること

2.1.2 「総合的な学習の時間」の学び方（子供・生徒用）を提示しよう

本節では，子供や生徒に説明（提示）する総合的な学習の時間の学習方法（以下，学び方）を紹介する（写真４）。

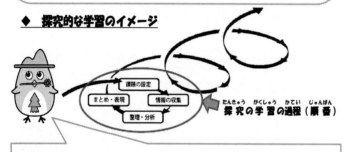

総合的な学習の進め方

「総合的な学習の時間」って何を学ぶのかなぁ？って考える人もいますね。この時間は、教科のわくをこえ、自分自身が課題を見つけて、どんどん**探究していく学習（探究的な学習）の時間**です。いろいろな方法で調べたり、実際に体験したり、友達と一緒になって問題の解決を進めながら学びを探求していく学習です。単元をとおして、必要な情報を集め、整理・分析し、自分の考えをまとめたり発表したりしていきます。その学習の中で、これまでの自分を振り返ったり、自分の成長を見つめたりしながら、これからの自分自身の生き方を考えていく学習です。

どんな調べ方や整理の仕方、まとめ方などがあるのか、その例を確認して、学習を進めていきましょう。

◆ **探究的な学習のイメージ**

課題の設定

まとめ・表現　　情報の収集

整理・分析

探究の学習の過程（順番）

課題の設定

日常生活や社会のことに目を向け、自分（自分たち）で課題を見つけて設定するんだよ。

探究の学習の過程（順番）

① **課題の設定**（疑問や関心のあること）

② **情報の収集**（関係のあることなど情報を集める）

③ **整理・分析**（集めた情報について、これまで知っていたこととの違いや新たな考えなどを整理・分析する）

④ **まとめ・表現**（明らかになった考えや意見をまとめ、表現し、また、新たな課題を見つけ、さらなる問題解決を始まる→この繰り返し）

写真４　総合的な学習の時間の学び方（p.67）[3]

写真４は，筆者が指導・助言で関わる学校の内の一つ，高知県越知町立越知小学校が子供達に配布しているガイドブック（おち版まー・ナビ　〜学びのセルフガイド〜）の１ページである[3]。当校では，総合的な学習の時間を始める際，「いろいろな方法で調べたり，実際に体験したり，友だちと一緒になって問題の解決を進めながら学びを探求していく学習です」と説明を行っている。また，探究の学習過程は，「①課題の設定（疑問や関心のあること）」，「②情報の収集（関係のあることなど情報を集める）」，「③整理・分析（集めた情報について，これまで知っていたこととの違いや新たな考えなどを整理・分析する」，「④まと

め・表現（明らかになった考えや意見をまとめ，表現し，また，新たな課題を見つけ，さらなる問題解決を始める→この繰り返し」として平易に表現している点は，学び方を理解させる上で参考になる視点である。

次に，探求活動の具体的な方法を紹介する（表３〜４）。

表3　探究活動の具体的な方法（pp. 68-69 を一部改変）[3]

学習過程	こんな方法があるよ
①課題の設定（課題の見つけ方）	◆ 体験活動を対比して課題を設定する 　例：川の上流と下流を探検，高知市と越知町を比べる等 ◆ 資料を比較して課題を設定する 　例：二つの資料を比べて，違いや気付いたことを見付ける ◆ グラフの推移を予測して課題を設定する 　例：グラフから言えることは？どのように変化しているかな？ ◆ 対象へのあこがれから課題を設定する 　例：地域で活躍している人に出会う，実際に体験してみる ◆ KJ 法的な手法で課題を設定する 　例：付せんに気付きや疑問を出し合い，類型化（仲間分け）をする ◆ 問題を序列化して課題を設定する 　例：キーワードでまとめる，順番を付ける，見える化する ◆ ウェビングでイメージを広げて課題を設定する 　例：中心テーマからイメージを広げる
②情報の収集（あつめること）	◆ アンケート調査で情報を収集する ◆ フリップボードやチェックリストを活用する 　例：聞きたいことをホワイトボードに書いておき，それを見ながら質問する，聞くことを忘れないようにチェックリストを作る ◆ 図書室や図書館，インターネットで情報を収集する ◆ ファクシミリで情報を収集する 　例：手紙より時間をかけずに必要な情報を聞くことができる ◆ 手紙，電話，電子メールで情報を収集する 　例：目的をはっきりとさせ，相手に配りょする，個人情報を載せないように気を付ける ◆ 実験・観察を通して必要な情報を収集する ◆ ファイルに情報を集積する 　例：記録を残す，後で取り出しやすいように日付などを書く ◆ 集めた情報をコンピュータフォルダに蓄積する 　例：ICT を積極的に活用する
③整理・分析	◆ カード，グラフ，マップ，図等で整理・分析する 　例：付せんやカード（1枚に情報は一つ）に書き出す，算数で習ったグラフ（棒グラフ・折れ線グラフ・円グラフ・帯グラフ等）で整理する，地図や図にかいたり，情報を記入したりしていく ◆ 座標軸の入ったワークシートで整理・分析する

	◆ メリット・デメリットの視点やベン図で整理・分析する 　　例：思考ツールを活用し，共通点（同じところ）や相違点（違うところ）を見付ける，情報が見えるようにする，根拠を探る ◆ 「ビフォー・アフター」の視点で整理・分析する 　　例：調べる前と後での自分の考えの変化や気付きを見付ける ◆ ホワイトボードで整理・分析する 　　例：ホワイトボード上で情報を構造化（仲間分け）する，ラベリング（小見出し，名前付け）をする ◆ 集めた情報をランキング付けして整理・分析する 　　例：話し合いながらランキング付けする，自分の考えの根拠を明らかにする
④まとめ・表現（気付きや発見，自分の考え，判断したこと等のまとめ方や表現の仕方）	◆ 保護者や地域住民等に向けて，以下の方法でまとめ・表現する 　　例：振り返りカード（はがき新聞，自己評価カード等），プレゼンテーション，新聞，レポート，パンフレット，ポスター，パネルディスカッション，シンポジウムで，展示会で表現

　表3より，「①課題の設定」や「②情報の収集」について，様々な方法が分かりやすい言葉で紹介されている。子供・生徒にとっては，課題の設定や情報の収集の学び方を考えるために適した資料である。「③整理・分析」と「④まとめ・表現」では，自分たちが集めた数多くの情報や資料を整理したり，振り返ったりする方法が複数紹介されている。特に，「④まとめ・表現」の「振り返りカード（はがき新聞，自己評価カード等）」は，振り返りのさせ方やワークシートづくりの工夫が求められる。次節では，振り返りの仕方を解説する。

2.1.3　振り返りの視点を提示した振り返りの仕方

　総合的な学習の時間では，学習状況の結果だけではなく，学習過程を評価することも大切である。学習過程の評価を充実させる上で大切な視点を表4に整理する。

表4　学習過程の評価を充実させるポイント（p.127を一部改変）[4]

・事前や途中に適切に位置付けて実施すること
・各過程において，学習活動前の児童の実態の把握，学習活動中の児童の学習状況の把握と改善，学習活動週末の児童の学習状況の把握と改善が計画的に位置付けられること
・全ての過程を通して，児童の実態や学習状況を把握したことを基に，適切な指導に役立てること
・児童に個人として育まれるよい点や進捗の状況等を積極的に評価することや，それを通して児童自身も自分のよい点や進捗の状況に気付くようにすること

　表4より，一人一人が学習を振り返る機会の充実が求められている。振り返りの仕方を身に付けさせる実践事例を紹介する（図3～5）。

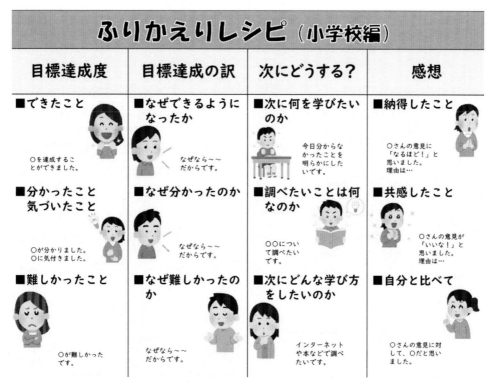

ふりかえりレシピ（小学校編）

目標達成度	目標達成の訳	次にどうする？	感想
■できたこと ○を達成することができました。	■なぜできるようになったか なぜなら～～だからです。	■次に何を学びたいのか 今日分からなかったことを明らかにしたいです。	■納得したこと ○さんの意見に「なるほど！」と思いました。理由は…
■分かったこと 気づいたこと ○が分かりました。○に気付きました。	■なぜ分かったのか なぜなら～～だからです。	■調べたいことは何なのか ○○について調べたいです。	■共感したこと ○さんの意見が「いいな！」と思いました。理由は…
■難しかったこと ○が難しかったです。	■なぜ難しかったのか なぜなら～～だからです。	■次にどんな学び方をしたいのか インターネットや本などで調べたいです。	■自分と比べて ○さんの意見に対して、○だと思いました。

図3　ふりかえりレシピ（小学校編）

振り返りレシピ（中学校・高等学校編）

振り返りの視点	"発問" の 例
価値付け	■「めあて」を達成するために、どのように取り組もうと思いましたか。
位置付け	■分かったこと、気づいたこと、できたこと、難しかったことは何ですか。
関連付け	■友達の考えと比べて、考えが広がったこと、深まったことはなんですか。
意味付け	■どのような学び方がよかったですか。
方向付け	■今後、どのような取り組みをしますか。 次に生かすことは何ですか。

図4　振り返りレシピ（中学校・高等学校編）

ふり返りの視点

1年

 ふりかえり

① わかったこと
② もっとしりたいと
　　　　おもったこと
③ ともだちから
　　　　まなんだこと

4年

 振り返り

① 分かったこと・気づいたこと
② 分からなかったこと
　　?と思ったこと
③ 友だちから学んだこと
④ もっと知りたいこと
（おどろいた・きょうみを持った）

2年

 ふりかえり

① 分かったこと
② 分からなかったこと
③ 友だちの考えを聞いて
　　思ったこと
④ もっと知りたいこと

5・6年

 振り返り

① 分かったこと・気づいたこと
② 分からなかったこと
　　疑問に思ったこと
③ 友だちから学んだこと
④ もっと知りたいこと
　（驚いた・興味を持った）
⑤ 今後に生かしたいこと

・自分の考えが変わったこと
・新しい考えをもてたこと　など

3年

 ふりかえり

① 分かったこと
　　気づいたこと
② 分からなかったこと
③ 友だちから学んだこと
④ もっと知りたいこと

　ふり返りを書くことで、"何がわかったのか、何がわからなかったのか"、"何に心が動いたのか" など自分の学びを確認することができます。ふり返りは、自分の学びを整理することができ、次の学びにつなげたり、捉えなおしたりすることができます。学習のおわりには必ずふり返りを書くようにしましょう。

※これを難しい言葉でメタ認知といいます。

図5　越知小の振り返りの視点（p. 8）

図3～4は，筆者の実践協力者の一人である平林千恵教諭（はつしば学園小学校）の実践内容の一部である。平林教諭は，小学生に対しては，図3の「ふりかえりレシピ」を用いて，毎時間の学習の最後に振り返る視点を提示し，振り返りをさせている。図3の「ふりかえりレシピ」のポイントは，主に2点ある。第1点は，振り返りの視点の内，「目標達成度」「目標達成の訳」「感想」の3点は，自己調整力に関する視点である。具体的には，「目標達成度」「目標達成の訳」は，目標に向けての自分の成長を振り返る視点，すなわち，「①目標到達の状況」に関する振り返りである。「感想」は，「納得したこと」や「共感したこと」等，学習過程を振り返る視点，つまり，「②学習過程の状況」である。「①目標到達の状況」と，「②学習過程の状況」を充実した振り返りの連続は，一人ひとりの自己調整力を高めることにつながる。第2点は，「次にどうする？」は，粘り強さに関する視点である。なぜなら，「次に学びたいこと」や「次に調べたいこと」等を考えさせることは，今の自分にとって出来ていることや出来ていないことを振り返ることがベースとなり，次回の授業に向けての見通しや考えを粘り強く振り返る機会が与えられるからである。

　図4の「振り返りレシピ」では，五つの視点が紹介されている。「価値づけ」と「位置付け」は，「①目標到達の状況」の振り返りである。「関連付け」と「意味付け」は，「②学習過程の状況」に関する振り返りである。「方向付け」は，粘り強さに関する視点として整理することが出来る。中学校及び高等学校段階においても，小学校と同様，振り返る視点を用いて継続的な振り返りをさせることは，一人ひとりの学びに向かう力，人間性等を身に付けさせることを可能にする。

　図5は，越知小が子供達に配布しているガイドブック（おち版　まー・ナビ　～学びのセルフガイド～）の1ページである。振り返る視点を学年毎に統一する点や，系統的に視点を増やしている点は，大いに参考になる。

2.1.4　振り返りカードを工夫した振り返りの仕方

　本節では，振り返りカードを2種類紹介する。一つ目は，単元を貫く振り返りシートである（図6）。図6の左側より，単元名と毎時間の「学習活動」「めあて」「振り返り」の欄が設定されている。図6の右側では，単元終了時の大きな振り返りとして，三つの資質・能力に基づく欄が設定されている。毎時間の振り返りでは，1～3分程度の時間設定が望ましい。その際，前節（2.1.3）で紹介した「ふりかえりレシピ」を用いて，「今日は，目標達成度の視点を必ず取り入れて振り返りをしましょう」と指示すると，振り返る視点が明確になると共に，振り返るスキルが向上する。振り返らせる時間がない場合には，家庭学習の一貫として書かせることを推奨する。単元終了時の大きな振り返りでは，30～45分程度を用いて，自己内対話を重視した振り返りをさせることを期待する。実際の記入例を図7に示す。

　図7は，平林千恵教諭（はつしば学園小学校）の実践内容の一部であり，A子（仮称）が書いたシートである。平林教諭は，机間支援をしながら，「ふりかえりレシピの『次にどうする？』の視点も取り入れたらどうかな？」「友達から学んだことは，自分と比べてどうだった？」等と，自己調整力や粘り強さに結び付く声がけを適宜行っていた。A子は，父の言葉とこれまでの自分とを比較し，「しんどいことから逃げない強い自分」へ変わることの大切さを書き出した。授業者には，A子のように，一人ひとりに適した声がけが求められる。

総合的な学習の時間　振り返りシート

【単元名】

■学習活動ごとの振り返り

① めあての達成度（A　B　C）に○をつけよう。

② 感じたこと、自分の成長、次にしてみたいことなどを書こう。

学習活動	めあて	振り返り		
①		A	B	C
②		A	B	C
③		A	B	C
④		A	B	C
⑤		A	B	C
⑥		A	B	C

■単元を通しての振り返り

【自分が知ったこと、学んだこと】

知識・技能

相互に関係付けられ、生きて働く知識・技能

【活動の中で「工夫」したこと】

思考・判断・表現

探求的な学習の過程において発揮される

思考力・判断力・表現力

【これからの活動で生かしてみたいこと】

主体的に学習に取り組む態度

自分自身との関わり、他者や社会との関わり

「学びに向かう人間性等」

図6　総合的な学習の時間　振り返りシート

32

総合的な学習の時間　振り返りシート（例）

「自分を見つめて〜10歳のイマをミライへ〜（4年）」

■学習活動ごとの振り返り

①めあての達成度（A B C）に○をつけよう

②感じたこと、自分の成長、次にしてみたいことなどを書こう。

学習活動	めあて	振り返り		
		A	B	C
1. 自分のことを考える 今、夢中になっていることや、頑張っていることをたくさん書くことで、もっと頑張ろうという気持ちになりました。私の憧れの人のことを調べると、今まで知らなかったことが分かりました。もっと好きになることができました。	今の自分についてイメージMapに書き広げる。	Ⓐ	B	C
2. おうちの人の仕事や生きたインタビューをしよう 普段知らなかったことを知ることができました。お父さんが、「家族のために頑張っている」と言ってくれて嬉しかったです。印象に残ったのは、「人の役に立つことはとても幸せだ」という言葉です。私も誰かのために頑張りたいです。	仕事のやりがいや、生きる上で大切にしていることなどを知る。	Ⓐ	B	C
3. 発表に向けてスライドの構成を考える 5分の発表の中で、自分の伝えたいことや夢中になっていることとや憧れの人は全部伝えるのはとても難しいと思いました。今、夢中になっていることを真剣に考えて発表したいです。仕事インタビューで考えたことも発表の中で必ず発表して、最後に、これからの目標について伝えようと思いました。次の授業では、発表練習を頑張りたいです。	学習したことをもとに、自分の今のことや、これからの夢についての発表スライドを作る。	A	Ⓑ	C
4. 発表練習をする 友達に聞いてもらいながら練習をしました。分かりやすく伝えるのは本当に難しいです。一番伝えたいところは、ゆっくり言えばいいというアドバイスを、次の練習で生かしたいです。本番は、おうちの人にきちんと伝わるように頑張りたいです。	声の大きさや姿勢に気を付けて発表をする。	A	Ⓑ	C
5. 発表会をする 今日は本番でした。とても緊張しました。練習したことができるか不安だったけれど、大きな声で伝えました。好きな言葉を言うときに、聞いている人の顔を見ながら言えたことが嬉しかったです。	練習の成果を発揮しながら、自分の伝えたいことがより伝わる発表を目指す。	Ⓐ	B	C

■単元を通しての振り返り

【自分が知ったこと、学んだこと】

自分にはいいところがたくさんあるということが分かりました。お仕事インタビューをして、仕事のやりがいを聞いたときに、大人は大変なことの中で楽しみを見出しながら頑張っていることを知りました。勉強をすることは人生の選択肢を広げるという言葉を大事にしていきたいです。自分の夢を叶えるために、努力していきたいです。

相互に関係付けられ、生きて働く知識・技能

【活動の中で「工夫」したこと】

発表スライドを作る時に、より分かりやすく伝えるためにどうすればいいのかをよく考えました。一枚のスライドに多くの文章を書き込むのではなく、短い言葉でまとめることをエ夫しました。また、写真やイラストを入れることもエ夫しました。好きな言葉のスライドは、字のフォントを変えて、印象に残るようにしました。

発表練習は一番頑張りました。伝えたいことを先に言うという、友達からのアドバイスを生かして、そのように頑張りました。

探究的な学習の過程において発揮される
思考力・判断力・表現力

【これからの活動で生かしてみたいこと】

自分のことをどんなにも真剣に考えたのは初めてでした。私はいつも勉強するのが大変で、すぐに楽な方に行ってしまいます。しかし、父が、「大変なことは大きく変わるチャンスの時」という言葉をくれました。これからの生活に生かして、しんどいことから逃げない強い人になりたいです。

自分自身との関わり、他者や社会との関わり
「学びに向かう人間性等」

図7　総合的な学習の時間　振り返りシート（記入例）

33

次に，はがき新聞を活用した振り返りカードを紹介する。はがき新聞とは，はがきサイズやそれより少し大きなサイズの，新聞形式の原稿用紙を使った作文である。はがき新聞を開発・普及している理想教育財団のホームページには，以下の利点が述べられている。

- 新聞形式の，相手意識と目的意識を持たせたコンパクトな作文なので，生きた言語活動としてさまざまな場面で活用できること
- 見出しを考えることでまとめる力が身に付くこと
- 楽しくイラスト等を入れたり，文字の飾りや着色を工夫したりすることが出来ること
- コンパクトなサイズなので制作に時間もかからず，苦手な学習者でも楽しく取り組めること
- はがき新聞を取り入れることで，子どもの豊かな学びが期待できること

はがき新聞を活用した総合的な学習の時間の実践を紹介する（図８）[5)]。

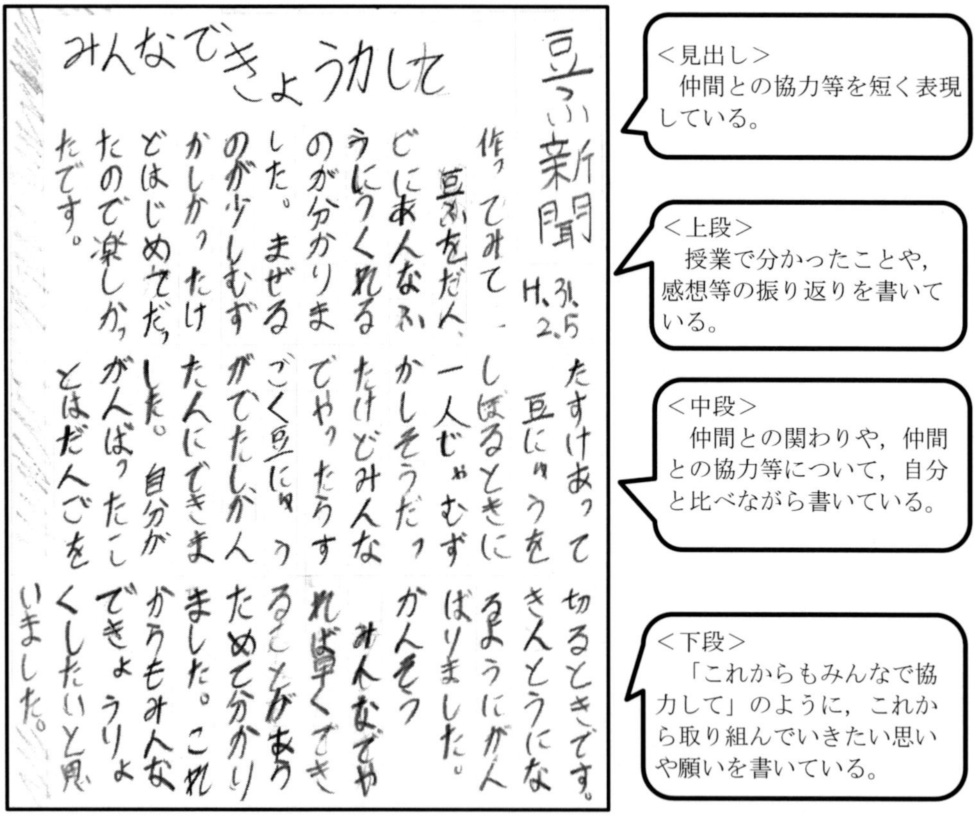

豆ふ新聞
H.31.2.5
みんなできょうカした
＜見出し＞
仲間との協力等を短く表現している。
＜上段＞
授業で分かったことや，感想等の振り返りを書いている。
＜中段＞
仲間との関わりや，仲間との協力等について，自分と比べながら書いている。
＜下段＞
「これからもみんなで協力して」のように，これから取り組んでいきたい思いや願いを書いている。

図８　はがき新聞を活用した振り返り

図８からは，学習内容を振り返ることで，新たな課題や目標を持つ姿が見られる。はがき新聞は，相互に見せ合い，話し合うツールとしても活用できるため，自分で新たな課題を見いだし，主体的・協働的に解決する活動の決定と行為へつながる可能性を秘めている。

2.2　協働的な学びを行うルールを決めておこう

　総合的な学習の時間のように，他者との関わり合いを通じて授業を展開する場面が多い場合，協働的な学びを行う際の事前ルールを決めておくことが，授業を効果的に進める上で大切である。そこで，越知小が子供達に配布しているガイドブック（おち版　まー・ナビ　～学びのセルフガイド～）の中から，協働的な学び合いを進めるためのルールを紹介する。

表5　協働的な学び合いを進めるためのルール（p. 4を一部改変）[3]

手を挙げる時	① うでをまっすぐのばして，手を挙げる。 ② 友だちの発表に対して挙手するときは，自分の立場を表す言葉をそえる。 「△△さんと似ていて，言えます。」「もう少しくわしく言います。」 「○○さんの代わりに言います。」「○○さんに付け加えます。」 「他にもあります。」「前の○○とつなげて言います。」「比べて言います。」
発表を始める時	① 名前をよばれたら，「はい」とはっきり返事をする。 ② 話す場所は，前・後ろ・左右（みんなが見える場所）へ移動する。 ③ 聞く人の方を向いて，みんなに聞こえる声で分かりやすく話す。 　「説明します。」「聞いてください。」「言ってもいいですか。」 　※黒板を使って発表するときは，「前に出て説明します。」と言って，移動する。 　※タブレット端末を使って発表するときは，「テレビ（スクリーン）に映して説明します」と言ってから，説明を始める。
発表する時 （話し方）	① 聞く人の方へひざを向ける。 ② 声の大きさを考える。 ③ 自分の考えを言う前に，友だちの名前を言い発表する。 　「○○さんの言った□□と少し似ていて，私は◎◎と考えます。」 　「△△さんに付けたしします。」（付けたし） ④ 分かりやすく考えを伝える（結論から言い，理由を付け加える）。 　「私は，○○と考えました。理由は，～だからです。」（理由） 　「はじめに～，次に～，だから～です。」（順序） 　「です。」（最後まではっきり）
発表する時 （聞き方）	① 発表する人の方へ，ひざを向ける。 ② 話をうなずきながら聞く。反応をする。 　「もう一度言ってください。」（聞き取れない時） 　「○○のところを詳しく説明してください。」（質問）

　表5より，挙手をしてから発表する仕方まで，子供にも分かる言葉で説明されている点は，協働的な学び合いを成立させるルールづくりを考える上で参考になる。「はじめに～，次に～，だから～です。」の話型は，プログラミング教育で大事にしている知識・技能の一つ，順次処理に該当する。

2.3　学習スキルを身に付けさせよう

　総合的な学習の時間だけでなく，他教科においても，協働的な学びを実現させるためには，聞く・話す・書く等の学習スキルを身に付けさせることが，最も先決である。以下，実際の学習スキルを紹介する（表6〜9）。

表6　1年生の学習スキル

1ねんせいのがくしゅうスキル

きく	はなす	かく
あいてをよくみる。	「はい」「わけは，〜だからです」	「○○は，□□しました」
めとみみではなしをきく。	・こくばんのまえ ・ブロックやおはじきをつかう。	えやかたちをつかう。
サイン 「おなじです」 「ちがいます」	**サイン** 「です」「ます」 「まず」「つぎに」「さいごに」	

表7　2年生の学習スキル

2年生のがくしゅうスキル

きく	話す	かく
あいてをよく見る。	「はい」「わけは，〜だからです」	「○○は，□□しました」
目と耳ではなしをきく。	・こくばんの前 ・ブロックやおはじきをつかう。	えやかたちをつかう。
サイン 「おなじです」 「ちがいます」	**サイン** 「です」「ます」 「まず」「つぎに」「さいごに」	

表8　3・4年生の学習スキル

3，4年生の学習スキル

聞く	話す	書く
相手の話が分かったら，うなずく。	「ここまでいいですか」などと，かくにんする。	「はじめ」「なか」「おわり」をいしきする。
自分の考えとくらべる。	ぐたいぶつ（図や表）をつかう。	
サイン 「にています」 「つけたしです」 「しつもんです」	**サイン** 「○○さんにさんせい・はんたいです。わけは，〜だからです」	**サイン** 「しかし」 「だから」 「なぜなら」

表9　5・6年生の学習スキル

5，6年生の学習スキル

聞く	話す	書く
相手が何を言おうとしているのか考える。	・資料を使う。 ・「たとえば」のように，具体例を示す。	
大事な言葉をとらえて，メモする。	「○○を見てください」「○○の時，□□しましたよね」	・事実と考えとを分ける。 ・理由や根拠をとりあげる。
	サイン 「○○さんに賛成・反対です」「○○さんは，□□と言っていましたよね」	**サイン** 「このように」 「つまり」

表6〜9の学習スキルは，筆者が赴任していた新潟市立亀田小学校で開発・使用した学習スキルである。筆者が開発した学習スキルの特徴が，各学習スキルに使用するハンドサイン（書き言葉）を明確にした点である。具体的には，1年生の聞くスキルでは，「おなじです」，「ちがいます」であり，話すスキルや書くスキルでは，「です」，「ます」，「まず」，「つぎに」，「さいごに」を使うことを提示した。このことにより，授業者や子供にとっては，各スキルを高めるために，どのようなハンドサイン（書き言葉）を用いて授業に参加すれば良いのかが分かりやすくなる。

次に，新潟大学附属新潟小学校が開発した対話するスキルを紹介する（表10）[6]。

表10 各学年に必要な対話するスキル

低学年	☆あいての　いっていることを　わかろうとして　きく ・「なるほど」 ・「そうか」 ・「それもそうだよね」 ・「もういちどいって」
中学年	☆相手の意図を分かろうとして聴く ・「ああ」 ・「分かる，分かる」 ・「そうか」「なるほど」 ・「言いたいことが分かる気がする ☆自分とはちがう考えも共感して聴く ・「今の意見はいいと思うけど…」 ・「ここまでは私といっしょだと思います」
高学年	☆相手の意図を分かろうとして聴く ・「ああ」 ・「分かる，分かる」 ・「そうか」「なるほど」 ・「言いたいことが分かる気がする」 ☆自分とはちがう考えも共感して聴く ・「今の意見はいいと思うけど…」 ・「ここまでは私と一緒だと思います」 ☆友達が言いたいことを想像しながら聴く ・「○○さんが言いたいのは，こういうことだと思います」

対話するスキルを意図的に身に付けさせることで，友達の考えや分からなさを代わりに表現したり，新たな考えを創り出したりしていく姿のように，他者との関わり合いを通じて授業を展開する場面が期待できる。

2.3 思考の言葉と活用できる思考ツールを整理しよう

　本節では，第1章の別表を基に，実際の小学校で，思考の言葉の育成を図っている取り組みを紹介する。初めに，越知小では，思考の言葉の育成に向けて，2種類の取り組みを進めている。初めに，協働的な学び合いで使う言葉を紹介する（表11）。

表11　協働的な学びで使う言葉 (p.5を一部改変) [3]

個人言語力	対話言語力	言語力を高めるための方法
1 「順序」 ・まず，次に，最後に	○分からないことをたずねる ・いつ，どこで，だれと，どうした，どのように，なぜ	◆付せんを使ってならびかえる。
2 「順位」 ・1番目は，2番目は，なぜなら	○詳細をたずねる ・もう少し…についてくわしく話して下さい。	◆付せんを動かす。
3 「同じところ」「違うところ」 ・同じところは…　・違うところは…		
4 「比べる」 ・○は，△より… ・○は，△に比べると…	○比べる ・わたしは，…と思うけど，どう？	◆チェーン図にまとめる。
5 「仲間分け」 ・似ているものをまとめて題を付けると…	○理由 ・どんなことから，その理由を考えたの？	◆論点を明確にし，表にまとめる（記号にする）。
6 「共通点」（帰納的） ・□と○から分かることは… ・□と○の共通なところは…	○確認 ・それは，…ということですか？ ○言いたいことを問う ・言いたかったことは，…ですか？	◆色別（同じ考え）のシートをはる。
7 「関係」 ・□と△との関係は… ・□が〜すると，△が〜に変わる。	○まとめる ・まとめてみると，…ということですか？	◆線で結び，関係性を記入する。
8 「きまり」 ・□のきまりがありそうです。なぜなら		
9 「あてはめ」（演繹的） ・このきまりにあてはめると…	○解釈 ・つまり，…ということですか？	◆付せんを動かしてまとめる。
10 「原因と結果」 ・□になった原因を考えてみると…	○例 ・例えば，どんなことがありますか？	
11 「条件」 ・□になるための条件をいくつか考えてみると…	○経験 ・わたしの時は…でしたが，そうでしたか？	◆棒グラフや折れ線グラフに表す。
12 「理由と予想」 ・たぶん，□になります。なぜなら	○立場 ・〜の立場で考えたらどうか？	
13 「視点」 ・□から考えると〜ですが，△から考えると…	○場合 ・〜の場合は，どうかな？	

表6より，越知小では，協働的な学びで使用する言葉を2種類提示している。それは，「個人言語力」と「対話言語力」である。同列は，筆者が提案する思考の言葉に相当する。また，同校では，「言語力を高めるための方法」として，付せんを活用した方法や，図表にまとめる等，複数の方法を平易な言葉で紹介している点が特徴的である。

次に，各教室で掲示している思考の言葉を紹介する（写真5～6）。

写真5　言語わざ（トレジャーワード）の「よそうする」「みかたをかえる」「なかまにわける」

写真6　言語わざ（トレジャーワード）の「くらべる」「くみあわせる」「ふりかえる」

越知小では，全学年を通じて，6種類のプログラミング的思考毎に，子供たちと見付けた思考の言葉を掲示し，言語力及び思考力の育成を目指している。

次に，筆者が関わる学校の内，愛知県豊田市立元城小学校（以下，元城小）の実践事例を紹介する（表12）[7]。

表12　思考の言葉と活用できる思考ツール（p.34）

思考の方法・言葉と活用できる思考ツール				
プログラミング的思考	思考の方法	子ども（教師）が用いる思考の言葉の例	活用できる思考ツール 1～3生	4～6生
論理的に考えを進める思考	推量する	・～は、○○になっている。だから、～は△△なのではないか ・～と～の結果をもとに考えると、△△という結果が予想される	クラゲチャートUP	クラゲチャートUP フィッシュボーン
	逆発想する	・もし～でなく、その反対であったらどうなるだろうか	バタフライチャート	バタフライチャート
	加減する	・～の時は、何を使ったらよいかな ・もし～がなかったとしたら、どうなるだろうか	キャンディチャート	バタフライチャート キャンディチャート
動きに分ける思考	視点（立場）、あるいは観点を変える	・もし～の観点（視点・角度・理論・立場など）から見たら、どうなるだろうか	キャンディチャート Y、Xチャート バタフライチャート	キャンディチャート Y、Xチャート バタフライチャート
	焦点化する	・まず、できるだけたくさんの可能なものを挙げて、その中からふさわしいものを選んでみよう	ピラミッドチャート Y、X、Wチャート フィッシュボーン	ピラミッドチャート Y、X、Wチャート フィッシュボーン
	再分類・再編成する①	・ほかの基準で分類したらどうなるだろうか	マトリックス	マトリックス
記号にする思考	共通の基準で見る	・～にあてはめると～になる	Y、Xチャート	Y、Xチャート
	帰納的に見る	・A、B、Cから、～のきまりが言える		ステップチャート クラゲチャート
	演繹的に見る	・～と～のきまりから、Dが説明できる ・～はEである。Fは～である。だからFはEだと言える		フィッシュボーン
一連の活動にする思考	比較する	・○○と△△とを比較して、その違いから～だと分かる	ベン図 マトリックス 座標軸	
	関連付ける	・○○と△△がどのように関係しているのか ・～の原因として、どんなことが考えられるだろうか ・○○は、以前学習した□□とよく似ている。だから、この方法を試してみよう ・経験上、○○は～であると言える	ピラミッドチャート イメージマップ	同心円チャート ピラミッドチャート イメージマップ
	類推する	～でうまくいったので、～でもうまくいくであろう		キャンディチャート
組み合わせる思考	拡張する①	では、～の場合はどうなるだろうか	同心円チャート	同心円チャート
	再分類・再編成する②	・～を構成する要因（原因）や項目は何であるか、もう一度見直してみよう	イメージマップ	イメージマップ
	変換する	・大きさ（長さ・重さ・体積・傾きなど）が変わったらどうなるだろうか	線分図	線分図
振り返る思考	拡張する②	・他にもっとよいやり方はないかな ・よかったところは～で、次にがんばりたいことは～だ	PMI・KWL	PMI・KWL
	具象化する	・図をかいて考えてみてはどうかな		
	連想する	・～と似たものにどんなものがあるだろうか ・～という考えが、○○という情報をもとに、□□という考えに変化した	HKSチャート	HKSチャート

思考ツールの例

キャンディチャート もし～なら　なぜなら　予想する

ベン図　同じところとちがうところ

Yチャート　いろいろな面

フィッシュボーン

PMI　Plus よかった点　Minus 改善点　Interesting おもしろい点　よさ・直したいこと・α

ステップチャート　ことがらのじゅんばん

表 13　思考の言葉と思考ツールを整理したシート（1〜3年編）

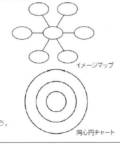

思考ツール　低学年　　　年　組　番　名前（　　　　　　　　）

1　予想する

① 書き出す。
・したことやできごとのあと、どんなことがおきるのか
よそうする。

② なかまにせつ明する。
・もし○○なら、△△と思います。
・○○だったら、△△になるはずだ。
・○○は、△△や□□だろう。
・○○は、△△だから□□だろう。

クラゲチャート

キャンディチャート

2　見方をかえて考える

① 書き出す。
・ものごとをいろいろな見方で考える。

② なかまにせつ明する。
・○○は、△△や□□ともいえます。
・○○だと思っていたけれど、△△からみると□□です。
・○○は、△△というところと、□□というところがあります。
・○○は、△△と□□で分けて考えると、◇◇だ。

Xチャート・Yチャート

バタフライチャート

3　くらべる

① 書き出す。
・いくつかのことがらの、同じところとちがうところ
を見つける。

② なかまにせつ明する。
・○○とくらべて、△△は□□です。
・○○よりも、△△の方が□□です。
・○○と△△をくらべて、同じところは□□です。
・○○と△△をくらべて、ちがうところは□□です。

ベン図

マトリックス

座標軸

4　組み合わせる

① 書き出す。
・一つだけではなく、いろいろなことを組み合わせて
考える。

② なかまにせつ明する。
・こんどは、○○だったらどうなるだろう。
・○○が、△△にかわったらどうなるだろう。
・○○をつくっているのは何かをもう一どたしかめよう。

イメージマップ

同心円チャート

5　ふりかえる

① 書き出す。
・気づいたことを、よかったこと、
おもしろかったことなどに分けて書く。

Plus よかったこと	**Interesting** おもしろかったこと

PIチャート

② なかまにせつ明する。
・○○ということから△△だと思います。
・○○のため、△△は□□だと思います。
・○○だったから、つぎは△△してみよう。
・○○だと思っていたけど△△と分かりました。

Know 知ったこと	**Want to know** もっと知りたいこと

KWチャート

表7は、第1章の別表に示したプログラミング的思考と思考の言葉、子供（教師）が用いる思考の言葉の例をベースにしつつ、各思考の言葉の育成と評価に活用できそうな思考ツールを表としてまとめている点が画期的である。例えば、「推量する」という思考の言葉を育成・発揮させるには、1〜3学年では、クラゲチャートが適しており、4〜6学年では、クラゲチャートに加えて、フィッシュボーンが適している、というように整理されている。元城小では、思考の言葉と思考ツールを整理した子供用シートを作成し、子供にも分かりやすく提示している（表13〜14）。

表13より、各思考の言葉を引き出したり、育てたりする上で効果の高い思考ツールが複数紹介されている。元城小の場合、1〜3年（下学年）段階では、主に五つの思考の言葉、すなわち、「予想する」、「見方をかえて考える」、「くらべる」、「組み合わせる」、「ふりかえる」を中心に育成を行うことを目指している。特に、「ふりかえる」で紹介されているPIチャートとKWチャートは、振り返る視点を提示することと同様の手立てである。授業者は、授業内容に応じて、PIチャートとKWチャートを使い分けつつ、振り返る思考の育成を進めている。

41

表 14　4〜6年編

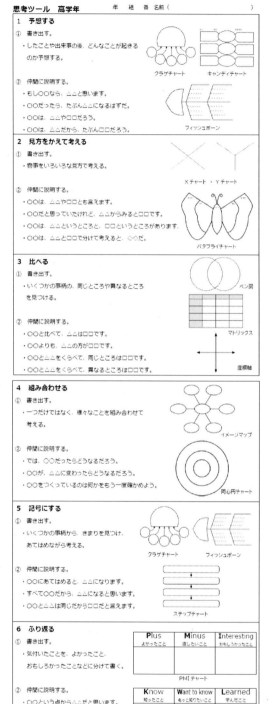

表 14 より，4〜6年（上学年）段階では，五つの思考の言葉に加えて「記号にする」思考を含む六つの思考の言葉で整理されている。表8との違いを2点整理する。

一つ目は，4〜6学年では，「予想する」の思考ツールとしてフィッシュボーンを加えた点である。フィッシュボーンは，見付けた情報や自分で書き出した情報について，時系列に並べたり，優先順位の高い順に並べたりする過程において，子供たちが「予想する」思考を引き出すことが期待される。

二つ目は，「記号にする」思考が新たに加えられた点である。「記号にする」思考の特徴は，「○○にあてはめると，△△になります」というように，帰納的な思考と，「○○と△△は同じだから□□だと言えます」の文言の通り，演繹的な思考の両方を含んでいる点である。また，「記号にする」思考を引き出す思考ツールとしては，クラゲチャート及びフィッシュボーン，ステップチャートが示されている。ステップチャートは，帰納的な思考または，演繹的な思考を用いて説明する際に役立つツールの一つと言える。

元城小の各教室には，子供たちが見付けた思考の言葉が掲示されている（写真7〜12）。授業者は，授業中，その言葉を使って発言した児童の名前を短冊に記載することで，話すことへの自信を持たせたり，進んで使おうとする意欲を高めたりする支援を取り入れている。元城小が令和3年度に作成した思考の言葉一覧表は，巻末に掲載してある。各学校においては，思考の言葉一覧表を基に，独自の一覧表の作成と実施を推奨する。

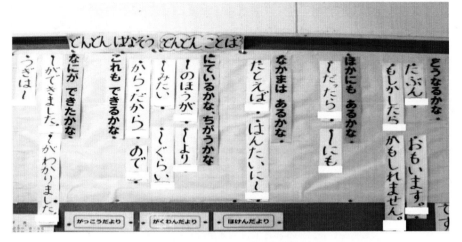

写真７　１年生の言葉の宝箱

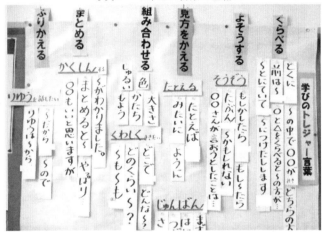

写真８　２年生の言葉の宝箱

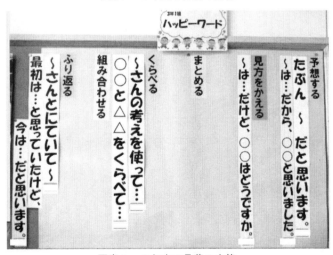

写真９　３年生の言葉の宝箱

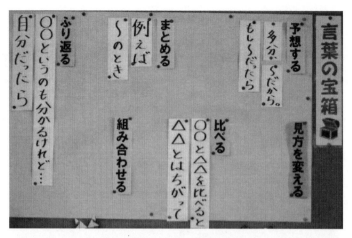

言葉の宝箱
予想する
多分、～だから。
もし～だったら
見方を変える
まとめる
例えば
～のとき
比べる
○○と△△を比べると
△△とはちがって
組み合わせる
ふり返る
○○というのも分かるけれど…
自分だったら

写真 10　4 年生の言葉の宝箱

言葉の宝箱
予想する
たぶん○○だと思います。
見方を変える
まとめる
まず○○次に△△
比べる
○○と△△を比べると…
○○さんとにていて～です。
組み合わせる
なぜなら、○○だからです。
○○さんにつけたして
ふり返る

写真 11　5 年生の言葉の宝箱

予想する
見方 変える
まとめる
比べる
組み合わせる
振り返る
言葉の宝箱
○○さんの…という意見を聞いてぼくは
私は○○だけど、△△さんはどうですか。
どうしてかというと、○○だからです。
～です。その理由は～です。
○○より△△の方が～です。
ぼくだったら○○すると思います。
もし○○だったら…
たぶん○○じゃないかな。

写真 12　6 年生の言葉の宝箱

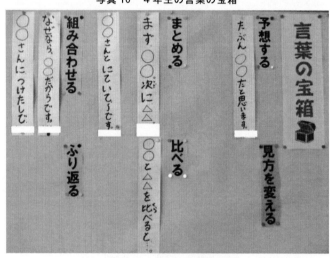

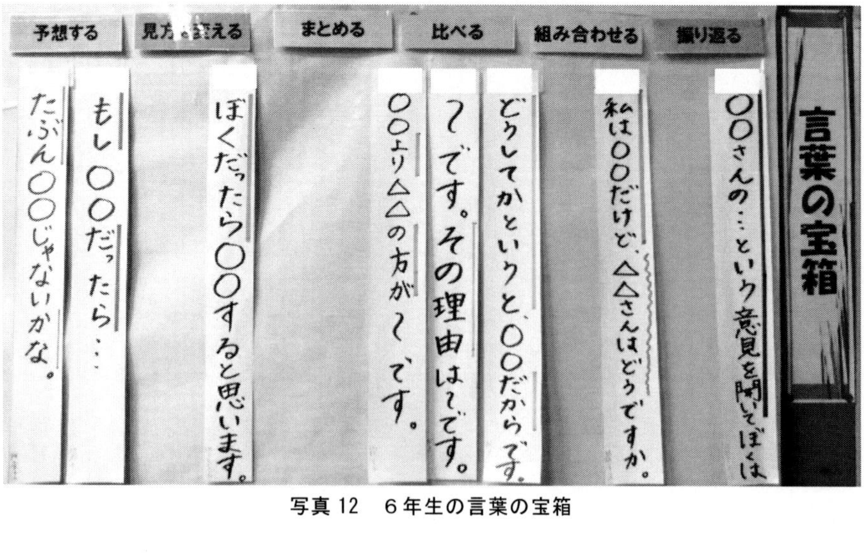

第3章　総合的な学習の時間の実践事例

本章では，小・中の総合的な学習の時間の実践事例を紹介する。特に，小学校生活科では，評価方法の一つであるスタンダード準拠評価法を用いた実践事例を紹介する。総合的な学習の時間に関しては，第2章で紹介したはがき新聞を活用した実践事例や，プログラミング教育と関連付けた実践事例を紹介する。

3.1　ルーブリックを活用したポートフォリオ評価法（スタンダード準拠評価）

　本節では，第1章で紹介した多面的な評価方法の内，「スタンダード準拠評価（以下，ルーブリックを活用したポートフォリオ評価法)」を紹介する。この評価法の用語・解釈は，研究者や異なる文脈では，より広範囲な意味を持つことがある。本節は，磯部（2008）[1]の一部を引用・改変している。学習者の評価結果の解釈の仕方については，相対評価や到達度評価，目標準拠評価等，様々な方法がある。ルーブリックを活用したポートフォリオ評価法は，その内の評価方法の一つである。ルーブリックを活用したポートフォリオ評価法は，論理的思考力や判断力等（以下，高次の学力）の評定・評価に努めようとする方法である。この評価法の特徴は，現学習指導要録に示された3観点と関連させて紹介する。

　学習指導要録の3観点は，各教科共に「知識・技能」「思考・判断・表現」「主体的に学習に取り組む態度」である。「知識・技能」は，「基礎的・基本的な知識・技能（以下，習得型学力）」として，「思考・判断・表現」「主体的に学習に取り組む態度」の2観点は，「論理的思考力・判断力・コミュニケーション力等の高次の学力（以下，探究型学力）」の二つに区分される。

　習得型学力は，テストで一定の点数を獲得したかどうかを解釈することが比較的容易な学力である。テストを実施する教師がカッティング・ポイントを設定し，一定の点数が取れたら，その内容を習得したと判断する方法（領域準拠評価）が可能である。一方，高次の学力（探究型学力）は，例えば，「アサガオやひまわりの科学的な思考に基づく観察」や，「木を使ったものづくりにおける工夫・創造」等の学習内容を評価しようとした場合，教師側が明確な線引きが困難であるだけでなく，テストによって学習内容を明確に定めることが難しい。つまり，学習者の「論理的思考力や判断力，工夫・創造する力等の高次の学力（探究型学力）」は，一つの単元のみで「出来た・出来ない」による二値的判断で評価される学力ではない。また，高次の学力に基づく学習目標は，明確に行動領域を規定したり，数量的な評価をしたりすることができないものが多い。高次の学力（探究型学力）に関しては，ルーブリックを活用したポートフォリオ評価法，つまり，複数の単元や長期間（1～2年）の広範囲の学習内容を通じて，個々の学習者がどのような評価結果を残したのかを総合的に判断する評価方法が諸外国で実践されている（表1）。

表1　ルーブリックを活用したポートフォリオ評価法の手順

1．目標（学習到達目標）の設定
2．目標に当てはまる「実際の事例」に関する事前説明（学習者・保護者・地域等） 　※実際の事例とは，具体的に「個々の題材目標や評価の事例を示したルーブリック（評 　　価基準表)」[1]
3．長期的な活動（複数の単元設定）による実際の事例の抽出 　　例：活動中に考えたことや，実行したこと等を時系列的に記録させる方法（パフォーマ 　　　ンス評価やオーセンティック評価等）
4．評価事例に基づく学習者の評価

　表1に基づき，イギリスの技術科教育[2]や，日本の図画工作科の具体的な実践例を取り上げつつ，スタンダード準拠評価を詳細に説明する。

3.1.1　イギリス編

3.1.1.1　目標（学習到達目標）の設定

　イギリスの初等・中等教育は，5～18歳までの13年間である。初等教育は6年間（5～11歳），中等教育は7年間（12～18歳）である。そのうち，5歳から16歳までの11年間が義務教育である。義務教育段階は，キーステージ（Key Stage，以下 KS）と呼ばれる四つの段階から編成されている（図1）。

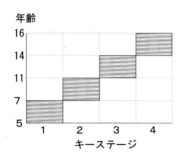

図1　各キーステージと年齢との関係

　図1より，KS1は5～7歳（第1～2学年），KS2は7～11歳（第3～6学年），KS3は11～14歳（第7～9学年），KS4は14～16歳（第10～11学年）のように，各KSは，複数学年にまたがって区分されている。イギリスでは，国家基準レベルとして「学習到達目標」が設定されている。教科毎にレベル1～8及び，レベル8以上の「Exceptional performance（教育課程の最低基準の内容を超える範囲の取り扱い）」を含む計9段階で設定されている。例えば，技術教科「Design and Technology」（以下，DT科）のレベル1の学習到達目標を表2に示す。

表2　DT科のレベル1の学習到達目標

レベル1
学習者は，アイデアを創造すると共に，身近な製品の特徴を認識することができる。学習者は，アイデアを実践活動へ取り入れるための計画を示すことができる。写真や用語を活用して，活動したい内容を述べることができる。何を製作しているのか，どんな道具を活用しているのかを説明することができる。必要に応じて，道具や材料を活用することができる。どのような作業や加工処理を行ってきたのかを仲間同士で簡単に話し合うことができる。

　表2は，5～7歳の学習者が到達することが期待される学習到達目標が示されている。レベル1のように，各レベルには5～8項目のパフォーマンスが示されている。それぞれのパフォーマンスは，レベルが高くなるにつれ，高度なパフォーマンスが求められている。各学校の教員は，学習者の活動内容を「学習到達目標」に準拠させて評定している。

3.1.1.2　目標に当てはまる実際の事例に関する事前説明（子供・保護者・地域等）

　初めに，学習到達目標の到達水準レベルとKSの関係を，図2に示す。

年齢＼レベル	1	2	3	4	5	6	7	8	教育課程の最低基準の内容を超える範囲の取り扱い
14歳（KS3）									
11歳（KS2）									
7歳（KS1）									

各KSに期待される学習水準の範囲　　　標準到達レベル

図2　到達目標レベルとKS（年齢）の対応関係（出典：Department for Education and Employment and Qualifications and Curriculum Authority, *The National Curriculum for England, Key Stages 1-4*, 1999, p.42を基に，筆者が再構成した）[3]

　図2より，各KSに期待される学習水準の範囲として「学習範囲」が示されている。KS1は，学習到達目標レベル1～3の学習範囲が適当であり，KS2はレベル2～5，KS3はレベル3～7に到達していることが望ましいことを意味する。つまり，KS1（5～7歳）の学習者は，レベル1に関連する単元や題材を通じて，表3（レベル1）に示す事例が何回か見られたら，レベル1を到達したと判断する。

　イギリスの教育課程基準のホームページには，各教科の教育課程基準の紹介と共に，各々の学習到達目標や発達段階に適した教育実践の事例が複数紹介されている。DT科の5～7歳の学習者におけるレベル1～3の題材を表3に示す。

表3　5～7歳の学習者におけるレベル1～3の題材（評価事例）

学習到達目標	レベル1	レベル2	レベル3
題材 （評価事例）	・パペット（織物） ・家（構造） ・公園の遊具（構造）	・動き出す絵（ものづくりに使われる材料を用いて） ・フルーツサラダ（食べ物） ・乗り物（メカニズム） ・ジョセフのコート（織物）	・フルーツをもっと食べよう ・風を吹かせよう（メカニズム）

　表3より，イギリスでは，国家基準に示された学習到達目標を具体的に説明するための題材の収集（評価事例集）の蓄積に努めている。仮に，筆者が6歳の学習者たちを担任するイギリスの教員であると仮定する。筆者の場合，レベル1の学習到達目標に当てはまる実際の事例を事前説明するために，表4の評価基準表を作成する。

表4　学習者がレベル1を到達するための評価基準表

扱う題材 到達目標	パペット（織物）	家（構造）
レベル1	1）色々なパペットを参考にしながら，自分のアイデアに基づくパペットをデザインしている。 2）簡単なデザインの基準を作って確認している。 3）紙を用いた簡単な実物大模型（モデル）を作っている。 4）布地の切れはしを切り張りしたり，接合したりして，メインとなるパペットを作っている。 5）適切な仕上げ加工を行い，製作品や製作過程を評価している。	1）話し合いをしながらアイデアを明確にしている。 2）どのように作ったらよいかの作り方を考えている。 3）材料を組み合わせて，二次元または三次元のモデルを作っている。 4）道具を安全に活用している。 5）製作品を評価したり，作品の特徴を紹介したりしている。

※表3の題材を例に挙げて作成した。「パペット（織物）」「家（構造）」の題材目標や実際の事例は，教育
実践の事例を参照した。

　担当教諭である筆者は，表4を用いて個々の学習者の学習活動を評価する。また，学習者や保護者に対して，表4のような事例が何回か見られたら，このレベルに該当することを伝えつつ，表4についての共通理解を図る。さらに，保護者には，到達目標のレベル1を到達させるために，長期間の学習活動を通じて，学習者の構想・設計力やコミュニケーション力などの高次の学力（探究型学力）を育んでいくことを伝える。イギリスの場合，図2に示したようにレベルの到達水準は各学年で区分されているのではない。学習者も教師も，2〜3年の複数の学年にまたがって各レベルの到達を目指している。同一年齢の学習者であっても，異なる到達レベルを目指した柔軟な学習が行われていると言える。

3.1.1.3　長期的な活動（複数の単元設定）による実際の事例の抽出

　イギリスの技術科教育では，製作品の製作と共に，ポートフォリオ制作を取り入れている。ポートフォリオを用いれば，表4の生徒の事例を的確に把握することに結びつくからである。イギリスの学習者が製作した製作品とポートフォリオを写真1に示す。

写真1　第6学年のポートフォリオ（シェルター）

イギリスの技術科教論は，写真1のような実際の製作品と共にポートフォリオに記述された内容や聞き取りを行っている。実際の聞き取り内容を表5に示す。

表5　S. Vaughan（Design and Technology コーディネーター）と Lauren（学習者）との話し合い（2001年2月16日）　第1学年の Lauren（学習者）が製作した「指人形」について

なぜ，これらの材料を選んだの，Lauren？
私のかっている犬が茶色で，私の好きな色だからなの。
なぜ，フェルトを使ったの？
フェルトは，猫のようにやわらかいのと，かっている犬もすてきなほどやわらかい毛並みだから。
どうやって，この作品（猫）を作ったの？
フェルトの二つの部分を縫いました。それから，体の2つの部分の周りに色を塗りました。私は，全部自分でしました。顔の部分を塗ってから，自分でその部分を切りました。私は，ちょうどそれが終わった所です。
あなたは，全部それを自分の力でしたの？それとも，誰かの助けをもらったの？
Ryan さんが，目の部分を切りました。目の部分はとても硬かったからです。それから，接着剤で目をつけました。
なぜ，接着剤を使ったの？
接着剤だったら，くっつくだろうと思ったから。
なぜ，人形の残りの部分は，接着剤を使わなかったの？
もし接着剤を使ってしまっていたら指にはまらないだろうと思ったから，サイドの部分は縫いました。私は，サイドの下の部分を真っ直ぐに縫いました。Ryan さんは，上の部分の曲がった部分を縫いました。
この作品作りを通して，何か他にしましたか？
ひげの部分を切って，縫いつけました。
作品に満足していますか？
はい。とても満足しています。自分で描いた絵（オリジナルデザイン）のようになりました。

　表5より，S.Vaughan 氏（コーディネーター）は，「なぜ，これらの材料を選んだのか」，「なぜ，フェルトを使ったのか」のように，材料選びについての質問を行っている。その後，「どうやって，この作品を作ったのか」，「その作品は，全部自分の力で作ったのか」というように，作品を製作する過程を聞いている。この点は，総合的な学習の時間でも大切にしている学習過程に関する評価の一面である。また，「接着剤を使った部分」については，道具を適切に使用しているかどうかを確認していることが分かる。最後には，作品の満足度を聞くことで，子供が自分で立てた目的に向かって解決することが出来たかどうかを確認していた。聞き取りを終えた後，S.Vaughan 氏は，学習者の事例の整理を行った（表6）。

表6　Lauren（学習者）の学習事例（http://www.ncaction.org.uk/items/pdf/235.pdf）

　Lauren（学習者）は，4タイプの人形（糸状型，グローブ型，指型，棒型）を見て，アイデアを創造した。彼女は，指人形の特徴を確認し，作ることを決めた。指人形は，他のタイプよりも簡単に作れると判断した。

　彼女は，何をするのかを説明した。彼女は，おおよその概観を描写しながら，アイデアを実現した。最初に，二つの部分を自分の力で切った。彼女は，フェルトを切る必要があるととらえ，どうやったら切ることができるのかを知っていた。彼女は，意図したデザインの絵を描写した。

　彼女は，なぜ茶色のフェルトを使いたかったのかを説明した。それは，Lauren（学習者）が茶色好きであること，飼っている犬が茶色だからである。そして，フェルトは，猫のような柔らかい素材であり，犬のような心地よく柔らかい毛並みを表現できると考えた。

　Lauren（学習者）は，自分の判断ではさみを使った。また，糸針を使って二つの素材を縫い合わせた。彼女は，縫う時に布地が硬かったので，少しの手助けを必要とした。彼女は，猫のストライプ模様を表現したかったので，素材の切り方を理解しながら素材をつなぎ合わせていた。

　Lauren（学習者）は，満足した指人形のことを説明しながら，自分がしたことと他の人からしてもらったことを話した。彼女は，指人形の使い方を理解していたので，接着剤の代わりに縫いつけたのかを伝えることができた。彼女は，人形がスケッチ通りになると分かっていた。だから，彼女はその人形が気に入ったので，改善しないだろうと説明した。しかし，これから指人形（猫）を追いかけることのできるような犬の指人形を作るだろう。

　教諭らは，学習者の事例による複数の抽出を通じて，表2の学習到達目標を満たすための評定・評価に努めている。

3.1.1.4　評価事例に基づく学習者の評価

　例えば，筆者が表4の評価資料を基に，製作品やポートフォリオ制作，学習者への聞き取り，学習活動などから学習者の評価事例を収集した場合の評価について述べる。学習者Aと学習者Bの評価事例を表7に示す。

　表7より，学習者の実際の事例を題材毎に取り上げた場合，学習者Aのようにレベル1に近づいていく事例が何回か見られた。そこで，学習者Aは最終的にはレベル1に到達していると判断した。学習者Bの場合は，題材毎に取り上げた事例の内，レベル1を越える事例（洗練の度合いの高い事例）が見られた。「ポートフォリオには，次に何をしたらよいのかが記述されていた」は，到達目標レベル2の「材料や部品を使った作業経験を基にアイデアを創出し，次に何をしたら良いのかの計画を行うことができる。」に該当すると判断した。また，「家」の題材では，「作品の特徴だけでなく，どうすればもっと良くなるのかという点が記述されていた」ことから，到達目標レベル2の「作業過程を通じて，自分が取り組んでいる意図を十分認識し，もっと良くなる方法を提案することができる。」に相当していると判断した。「パペット」と「家」の題材を終了した段階において，学習者Bは十

表7　学習者Ａと学習者Ｂの評価事例

扱う題材	学習者 A	学習者 B
パペット	実際の事例 ・製作前に，紙を用いた簡単な実物大模型（モデル）を作っていた。 ・ポートフォリオには，自分の作品のアイデアが書かれている。	実際の事例 ・簡単なデザインの基準の中に，「３つ以上の布を使う」と書いてあった。この子は，布を四つ使ってきりはりしていた。 ・ポートフォリオには，次に何をしたらよいのかが記述されていた（レベル２に相当）。
家	実際の事例 ・作り方は書いてあるが，作り方通りには進んでいなかった。 ・はさみやのりの使い方が適切であった。	実際の事例 ・作り方が書いてあり，見通しをもって作品作りをしていた。 ・作品の特徴だけでなく，どうすればもっと良くなるのかという点が記述されている（レベル２に相当）。
中間評価	レベル１に届く程度	レベル１よりもレベル２に近い程度
公園の遊具	省略	省略
動き出す絵	省略	省略
最終結果 （評定）	レベル１	レベル２

※実際の事例は，筆者が教育実践の事例を参照して判断した内容（フィクション）である。

分にレベル１に到達している事例が何回か見られた。学習者Ｂは，他の題材においても洗練の度合いの高い事例が抽出されたことから，レベル２にまで到達していると判断した。

　このように，学習者の高次の学力を評定・評価するためには，長期間にわたって進歩の程度を見届けていくことが必要であると言える。従って，ルーブリックを活用したポートフォリオ評価法は，学習者一人ひとりの活動事例に関する収集・分析から，学習者がどの程度「高次の学力（構想・設計力や表現・コミュニケーション力など）」を身に付けたのかを評価基準（イギリスの場合は到達目標）と照らし合わせて評定・評価する方法である。

3.1.2　日本編

3.1.2.1　目標（学習到達目標）の設定

　本節で紹介する教育実践[4)]は，神子島強教諭（新潟市立上所小学校）の３・４年生（計14名）の総合的な学習の時間（単元名：そばを育てよう）である。

　１学期は，これからのそばの栽培活動に生かすための「そばの育て方」の調べ学習を中心に行った。各自が本やインターネット等で調べて分かったことをポートフォリオとして蓄積した。学習者は，ポートフォリオを基に１枚の大きなそばカレンダーにまとめる活動を行った。その後，学校の畑でそばを育てることに視点を置き換え，地元でそばを栽培し

ている方へのインタビューや聞き取り調査により，育て方を調べる活動をしてきた。

　2学期の小単元は，「そばの魅力を調べよう」である。学習者は，そばの品種や歴史，つなぎの材料，料理方法等，まだ知らない様々なことを調べる活動を行う（表8）。

表8　小単元名「そばの魅力を調べよう（計20時間）」の学習到達目標及び構想カリキュラム

学習到達目標	自分たちでものをつくることにより，自分たちの遊びや生活をより豊かなものにすることができる。また，活動の過程や製作後の活用を見通すことができる。	
教師用ルーブリック	内容（評価基準）【重視する観点】	評価事例（想定される姿）
	・生活の中でそば栽培の果たしている役割に気付いている。【表現力】	・そばの植物や食物としてのよさ等の記述
	・栽培したそばをどのように活用できるか，目的を考えている。【自己の生き方】	・学校で育てたそばをどう活用するか，今後どのように生かすか等の記述
	・ポートフォリオをとり，そば栽培を振り返っている。【関心・意欲・態度】	・頑張って育てて良かった等の感想
次（時）	学習活動	
1．そばのイメージマップ作り（2）	○今までの学習を想起し，イメージマップにまとめる。 ○イメージマップを友達と見せ合い，そばについての考えを深める。	
2．そばについて調べたいことを考える（2）	○ポートフォリオとそばカレンダーを基に，今後さらに追究したい内容を決める。	
3．そばの魅力について調べる（6）	○課題解決のために，調べ学習を行い，ルーブリック付きワークシートに記入する。	
4．そばの本作り（8）	○「そばの本チェックリスト」を使って，そばの本を作成する。	
5．そばの本を3年生に発信する（2）	○同じそばについて学習をしている他の3年生に発表する。	

　表8より，調べ学習を通して，そばのもつ植物としてのよさや，食べ物としてのよさの探究活動を行う。その際，本やインターネットだけでなく，地域のそば栽培や，自分たちのそば栽培と関連させて調べていけるように支援する。その後，調べたことを一人ひとりが1冊のそばの本にまとめる。本作りが本研究の主な活動である。

3.1.2.2　目標に当てはまる実際の事例に関する事前説明（子供・保護者・地域等）

　神子島教諭は，教師用ルーブリック（表8）を基に，「そばの本チェックリスト（以下，学習者用ルーブリック）」（写真2）を作成し，子供たちに事前公開した。

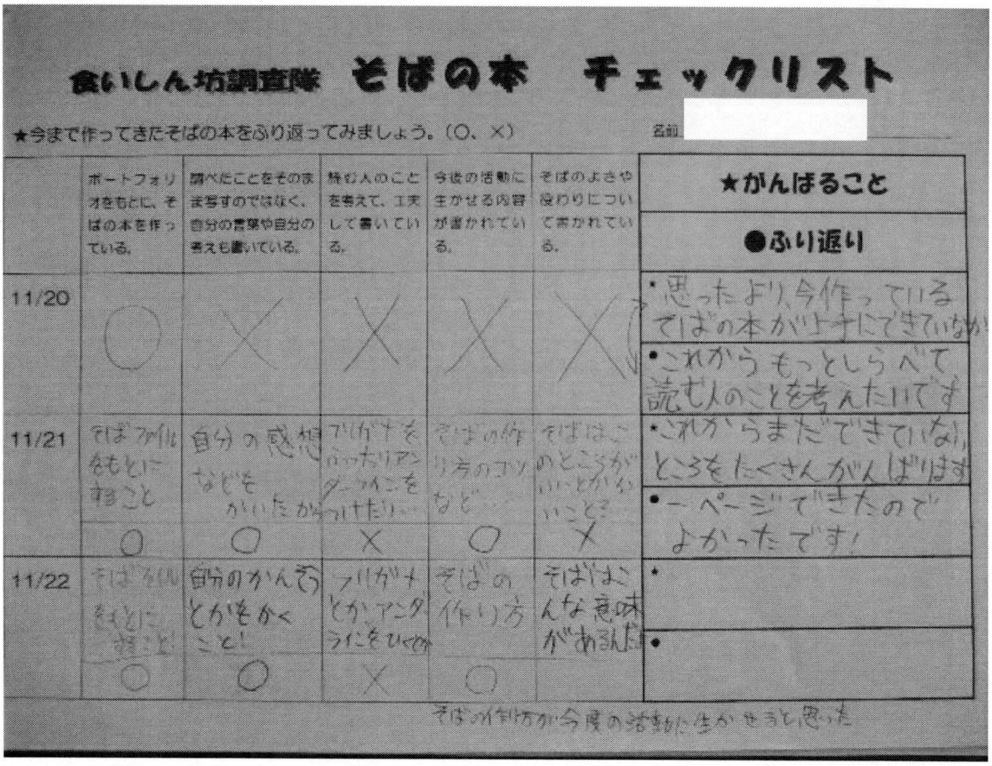

写真2 そばの本チェックリスト

写真2より，子供達は，学習者用ルーブリックを活用して自己評価しながら推敲していく。神子島教諭は，制作したそばの本と学習者用ルーブリックの記述内容から，個々の学びの変容を分析する。

3.1.2.3 長期的な活動（複数の単元設定）による実際の事例の抽出

神子島教諭は，そばの本を作り始めてから4時間目に学習者用ルーブリックを提示した。毎時間の始めと終わりには，その時間のめあてと振り返りを書かせた。学習者用ルーブリックを使いながらそばの本を見比べ，学習者用ルーブリックに×がついていた子供には，「×がついた項目が○になるために，○○についてもっと詳しく調べてみよう，本作りをがんばろう。」の声かけやアドバイスを行った。その結果，それまでインターネットの内容をそのまま書き写していた子供は，難しい言葉を辞書で調べるようになった。また，自分の感想を書いていなかった子供は，自分の考えを書くコーナーを作る等，よりよい本にするために様々な工夫をするようになった。

子供たちは，学習者用ルーブリックで絶えず自分の本を見つめ直し，学びの再構築を図っていた。また，学習者用ルーブリックがあることで，これからどんな本を作っていけばいいかという見通しをもたせることができた。6時間目（11月22日）には，グループになってお互いのそばの本を見せ合う場を設定した（写真3）。

写真3　そばの本を見せ合う様子

そばの本を見せ合う場では，学習者用ルーブリックに関する共通理解を図った。その際，3項目「読む人のことを考えて，工夫して書いている」の「工夫して書く」については，「振り仮名を振っていること」「分からない言葉は辞書で引くこと」等の意見が出された（写真4）。

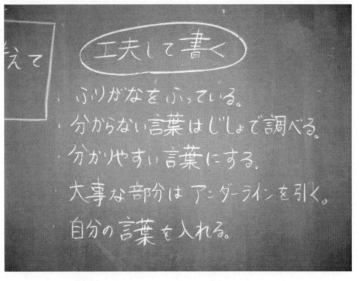

写真4　子供がとらえる「工夫して書く」の視点

写真4より，子供たちは，「工夫して書く」については，「ふりがなをふっている」，「分からない言葉はじしょで調べる」，「分かりやすい言葉にする」，「大事な部分はアンダーラインを引く」，「自分の言葉を入れる」等と，教師が考えている以上に多くの視点を持っていることが分かった。同様に，他の項目についても，子供との対話により，到達すべき具体的視点の確認を行った。

3.1.2.4　評価事例に基づく学習者の評価

　神子島教諭は，学習者用ルーブリックとそばの本から学びの変容を整理・精選し，子供達の記述を洗練の度合いの底から高段階へ並び替えた。神子島教諭が開発した表8の評価事例集を表9に示す。

　表9より，洗練の度合いが低い段階では，「そばはおいしい。」「そばは種類がたくさんある。」のような記述に留まっているのに対し，洗練の度合いが高くなるにつれて記述が具体的になり，自分や地域に目を向けるような記述が見られるようになった。各々の評価事例

表9　「生活の中でそば栽培の果たしている役割に気付いている。【表現力】」の評価事例集

洗練の度合い	具体的な評価事例
低（C）	○そばの特徴や種類など，そばについての記述がある（以下，記述例）。 ・そばはおいしい。そばの種類はたくさんある。 ・世界にもそば料理がある。
中（B）	○そばの構造やよさなど，具体的な記述がある（以下，記述例）。 ・そばの花には短花柱花と長花柱花があり，めしべを合わせるとそばの実ができる。 ・そば打ちにはつなぎが使われ，つなぎによって味や歯ごたえが違う。 ・そばの原産地は色々あり，品種も違う。その土地に合ったそばの品種を使うといいです。 ・そばはとても健康によくて，成分と栄養がたくさんある。
高（A）	○自分の生活や地域と関連付けてそばやそば栽培について考えている。 ・松之山でそばを育てている人にインタビューをしたら，そばは米と違ってあまり収穫できないと言っていました。だから，そば屋に届けるためにたくさん育てていることが分かり，そば栽培の大変が分かりました。 ・そば湯はルチンやタンパク質などの栄養が溶け込んでいて，とても体にいいことが分かりました。だからそば湯を飲むようにしたいし，みんなにも紹介したいです。 ・そばのつなぎは地域によって特徴があり，地域の風土にあったつなぎを使うのが一番いい。だから，私は布海苔を使いたいです。

集の結果を，各観点の進歩の根拠として通知表に記録した。

　今回の教育実践の主な成果は，2点に整理される。一つは，開発した評価事例集は，学習者の高次の学力（思考力・判断力・表現力）を少しでも客観的かつ根拠のある評定・評価するために有効であったと推察されることである。二つは，子供にとっては，事前に学習者用ルーブリックを提示されることで目的をもって取り組むことができた。主な理由は，本単元終了後のアンケートでは，14人中13人が「学習者用ルーブリックは役に立った。」と答えたからである。具体的には，「チェックリストがあると目標ができるから。」「その日，気を付けることが分かるから。」などの理由が見られた。また，学習者用ルーブリックは，子供たちに単に事前公開するだけでなく，各基準についての共通理解を図ることにより，教師と子供の共通の尺度になる。

　主な課題は，以下の2点である。一つは，学習者用ルーブリックの項目数は，子供たちや学校，地域の実態など，目的に応じて柔軟に設定することが大切である。二つは，学習者ルーブリックは，×→○になることを個々に意識させたが，それだけに終始せず，○→◎にするなど，もっと柔軟な姿勢で臨むことも必要である。

3.2　小学校3年生の総合的な学習の時間の実践事例

　本節は，小学校3年生の総合的な学習の時間の実践事例[5]を紹介する。単元名は，「どんなおやつがいいの〜『おやつの上手な取り方』を考えよう〜」である。本単元は，おやつや清涼飲料水を多くかつ，頻繁に食べたり飲んだりしていると推察される児童の実態において，おやつや飲料水に入っている砂糖や油の量の多さを知り，おやつの上手な取り方を個々に考えさせる学習活動である。また，昔のおやつ作りや「我が家の食べ物健康法（本単元最後の活動）」調べを通じて，家族や地域の人と関わる力を育むことを目指している。本単元を通じて，児童が自らの健康について考え，おやつの取り方を見直し，これからの生活の中でおやつの取り方について自分で考えながら飲み物やお菓子を取捨選択したり，制約したりできるようにする姿を期待する。

3.2.1　単元の目標

　本単元の目標は，以下の通りである。
　　（1）おやつ（お菓子や清涼飲料水）について調べたり，考えたりしたことを発表しながら，自分の食生活を振り返る（思考力）。
　　（2）食べ物と健康について考え，自分のできるところからよいことを実践する（判断力）。
　　（3）調べ学習やおやつ作りを通して，友だちや地域の人と関わる力を育てる（表現力）。

3.2.2　指導の構想

　初めに，1週間のおやつ調査（1週間に食べるおやつの種類や量の実態把握）や，祖父母参観による交流活動（昔のおやつの良さ，特徴）を通して，自分自身の生活について振り返ることができるようにさせる。

　次に，個々の課題解決を図るため，栄養士から糖分の特徴（いいところ・悪いところ）や，普段口にしている清涼飲料水の糖分量について，1日に摂取する量を基準としながら予想をさせ，実際の糖分量と比較させる。お菓子やジュースの糖分を比較したり，栄養士が作った手作りおかしを食べたりすることで，自分たちが過剰摂取している現状を意識させる。

　最後に，学習したことを基に，「食べ物・飲み物チェックカード」に記入し，日常生活を見直していくことに対する見通し・意欲を持たせる。学習者たちが，よりよい生活へ改善していこうとする態度を身につけていくことを期待する。

3.2.3　問題意識を持たせるために　〜おやつ調査及び，おやつの種類（今と昔）〜

　初めに，子供達が日頃何気なく食べているおやつの摂取内容についての特徴や傾向を把握するため，1日に食べたおやつの内容を調べさせた。この取組を1週間行わせた後，おやつの内容をグループ化した。その結果，おやつの種類は8種類に区分された。子供達は，八つグループを見ながら，「他に，どんなおやつがあるのだろう？」と「おやつ」についての興味・関心を高めた。子供達は，次の時間から，図書館やインターネットを活用しながら，様々なおやつの種類を調べた。その後，「お菓子には砂糖や油が使われている」，「昔のお菓子も見つかったよ」等，「おやつの原料」と「昔のおやつ」の二つのキーワードを見出

した。そこで，祖父母参観（9月11日）を通じて，「昔のおやつ」及び，「今と昔のおやつの違い」を保護者と一緒に考えさせる授業を実施した（写真5）。

子供たちは，積極的に質問を通して，昔のおやつの種類や味等を聞いていた。また，今のおやつとの違いについても質問を行い，自分達の知識を増やす姿が見られた。

祖父母参観で使用したシートを図3に示す。

写真5　祖父母参観の様子

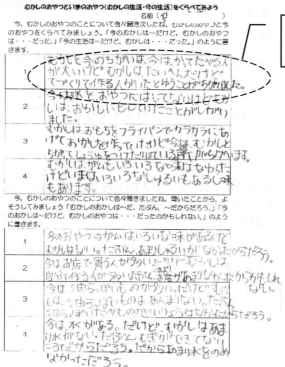

図3　H子のシート1（昔のおやつと今のおやつ）

昔のおやつは，手作りで作る人がいることを知った。

図3より，H子は，「昔のおやつは，手作りで作る人がいることを知った」という気付きを持った。その後，「今のおやつのガムは，いろいろな味があるけど，むかしはない。」，「今は，油っぽいものが多い。」等と，昔のおやつを今のおやつと比較したり，推測したりする姿が見られた。

3.2.4　自分の思いの実現のために

祖父母参観後，おやつと自分の体との関係について考え始めた子供達に，「おやつの上手な取り方って，どんな取り方なのだろうか？」と共通課題を設定した。子供達の共通課題に向けた主な取組を三つ示す。

3.2.4.1　栄養士による授業（ジュースに含まれる糖分量はどれぐらい？）

栄養士からは，ジュースにはどのぐらいの糖分が含まれているのかを子供達に説明してもらった。コーラやCCレモン等の炭酸飲料に含まれている砂糖の量を角砂糖で具体的に示してもらうことにより，子供達は，「ジュースには砂糖がたくさん入っている。」，「お茶やスポーツドリンクにも砂糖が入っている」ことに気付いた。

3.2.4.2 おやつの上手な取り方の探究 〜具体的な課題に気付くために〜

　子供達は，栄養士への聞き取りや図書館，インターネットを活用して調べ学習を十分に進めた。子供達が実際に使用したシートを図4〜5に示す。

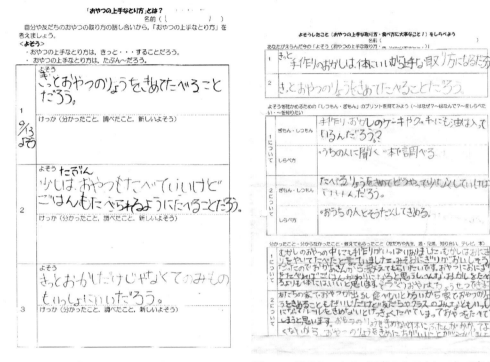

図4　H子のシート2　　　　**図5　H子のシート3（予想したことについて考えを広げよう）**

　図4には，「予想」と「結果」を書く項目が設定されている。学習者たちに調べ学習や聞き取りをさせる際，事前に「予想」を立てさせた。自分が立てた「予想（図4の記述部分）」について「分かったこと」や「新しい疑問」を「予想」の下部（図4の空白部分）に書くようにさせた。学習者たちが事前に立てた「予想」には，「きっとおやつの量を決めて食べることだろう」「ジュースの取りすぎは良くないだろう」などの内容が見られた。「予想」を立てさせることにより，学習者たちは課題意識を持って調べ学習を行った。

　図4を用いて調べ学習を行った後，「おやつの上手な取り方」を学習者たち全員でリストアップした。リストアップした中から，自分が目指したい「おやつの上手な取り方」を二つ決めさせ，その二つの内容についてさらに探究学習を進めた。

　図5は，学習者たちが「おやつの上手な取り方」を二つ決めた時に用いたシートである。上部には，自分にとって相応しいと予想を立てた「おやつの上手な取り方」が2点書かれている。中部には，二つの予想についての「疑問・質問」と「調べ方」を書く項目である。下部には，さらに調べた結果を書く。図5のシートのように，個々のシートには，調べた結果がたくさん記述されていた。

3.2.4.3　手作りおやつへの挑戦

　「おやつの上手な取り方」の中で、「手作りおやつは体にいいだろう」の項目がある。この項目を選ぶ子供が多かったことから、家庭科室で手作りおやつを保護者ボランティアと共に実施した。

3.2.5　家庭での実践　〜我が家のおやつルール作り〜

　学習のまとめとして、子供達一人ひとりが選んだ「おやつの上手な取り方」について、家庭で話し合う機会を設定した。家族との話し合いの結果、「おやつの上手な取り方」を変更した子供もいた。子供達には、家族と話し合って決めた「我が家のおやつルール」を実践させるため、2週間分の取組を記録させた（図6）。

　図6より、H子が家庭で決めた「我が家のおやつルール」は、「食べる量を決めて食べる」ことと、「時間を決めて食べる（5時まで）」ことであった。H子は、図5の段階では、「手作りおやつ」と「食べる量」を「上手なおやつの取り方」であると予想していた。手作りおやつの体験及び、家庭との話し合いの結果、「我が家のおやつルール」を変更したのである。

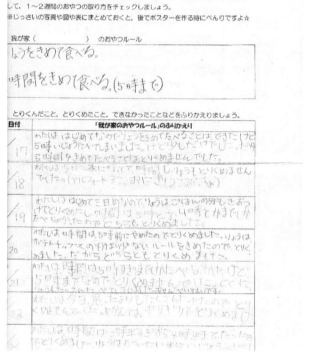

図6　H子の「我が家のおやつルール」

　子供達は、日々、我が家のおやつルールを振り返り、「取り組んだこと」、「取り組めたこと」、「取り組めなかったこと」を記録した。

　2週間の記録を行った後、保護者から感想を書いてもらい、「おやつの上手な取り方」のまとめとした。H子の母親の感想を表10に示す。

表10　H子の母親からの感想（実際の記述内容）

> 時間の方はしっかりまもっていたようだね。おかあさんがふつうの日はおやつの時間にいないのでなかなか手作りおやつというわけにいかずはんせいしています。
> おやつの時間や量をきおつけるようになったら、ごはんもしっかり食べてくれるようになっていい事だと思います。

表10より，H子の取組は，我が家のおやつルールに向けて自主的に取り組んだことが推察される。また，ご飯をしっかり食べることが出来るようになったことから，家庭における食生活の啓発につながった。

3.2.6　成果と課題

本実践の成果は二つある。一つは，調べ学習を通じて，家族や栄養士に自ら率先して関わらせたことにより，子供達は，自分で立てた「予想」に向かって探究活動を進めることができたことである。二つは，「おやつの上手な取り方」を，子供と家族が一緒になって話し合ったことで，子供一人ひとりが学習したことを家庭生活に活かすことが出来たことである。今後は，家庭や地域と連携しながら，学習者に「我が家のおやつルール」の見直しをさせ，継続した取組をさせることが必要である。

3.3　小学校6年生の総合的な学習の時間の実践事例

本節では，小学校6年生の総合的な学習の実践事例[6]を紹介する。

文部科学省により公示された小学校学習指導要領[7]では，プログラミング学習が必修化され，情報活用能力の育成を図るため，小学校段階からプログラミング体験活動を実施することが盛り込まれている。そこで，第6学年を対象とした総合的な学習の時間において，プログラミング学習の授業実践を行った。

ビスケット[8]では，学習者が見通しを持って取り組む様子が見られた。それは，ビジュアルからプログラミングを学ぶ事ができたからであると思われる。自分の思いが表出でき，作品にある思いを学習者たちで共有化することができたことや，自身の考えを伝え，他者の考えを受け取ることができた話合い活動では，学習者の自己肯定感を高めることも出来たと言える。

アルゴロジック[9]では，子供達が，見通しを持ち，かつ継続的に取り組むことができたと思われる。途中，お互いに教え合いや助け合いといった話合い活動を設けたことが，論理的思考を深めことにつながったと考える。

押しボタン式歩行者用信号をつくることができるアーテックロボ[10]では，チーム内で情報交換しながら順次処理・分離処理・反復処理の状態をすぐに確認していた。また，各部品がブロック式になっていることにより，比較的容易に扱うことができたことや，子供達同士で，わからないところや伝える内容を明確に伝えることを意識し，高め合う話合いができたことで，継続的かつ意欲的に取り組むことができたと言える。活動時間を確保するために，常日頃から早目の着席や，時間を考えながら活動に取り組んでいた。

各学習のまとめでは，子供達が，学んだ事を「はがき新聞」でまとめ，次の学びにつなげていくことができるように工夫した（図7〜8）。

図7〜8より，多くの子供が物事を論理的に考え，興味・関心を高め，「自ら学びたい」という意欲を見出すことができ，学級・学年のお互いに高め合おうとする雰囲気も素晴らしいものになってきたと思われる。今後も，友達や人間関係について視点を持たせながら，活動させていくことが大切である。

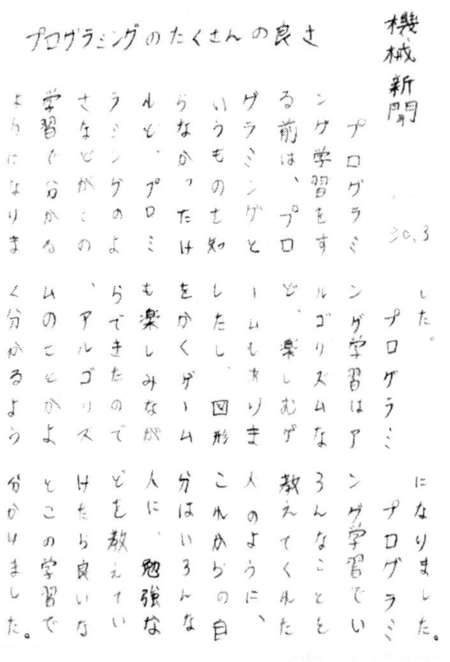

プコグラミングのたくさんの良さ

機械新聞

30.3

プログラミング学習をする前は、プログラミングというものをよく知らなかったけれど、プログラミングのよさがこの自分の目のようにして、図形をかいたり、ゲームをしたりと、いろんなことを教えてくれた。

これからのいろんな人に、プログラミングも楽しみながらどんどん教えていけたら良いなと、この学習でよくなりました。

プログラミング学習はアルゴリズムないろんなことを教えてくれた、プログラミング学習でいろいろ楽しむ人のように分ける人もいるなど、勉強な良いプログラミング学習でいろいろなことも楽しく分かるようになりました。

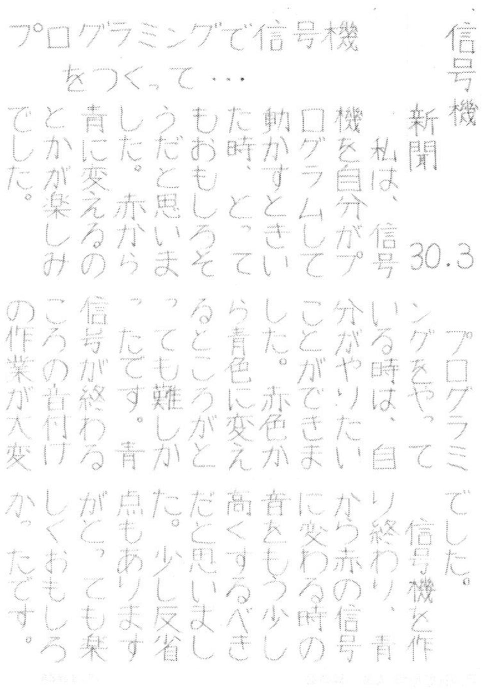

図7　はがき新聞「機械新聞」

プログラミングで信号機をつくって…

信号機新聞

30.3

私は、信号機をつくりました。プログラミングをやって信号機を作り終わり、青の信号、赤の信号、青の信号機を自分がプログラムしてできました。自分がやりたいことができました。

プログラムして信号機を動かすときに、とってもおもしろかったです。赤色から青色に変わるところがとても難しかったです。少し反省もありますが、それでもとてもおもしろかったです。

青に変えるのに少し高くなってしまったと思います。赤から青に変わる信号が終わるころの音付けの作業が大変でした。

図8　はがき新聞「信号機新聞」

3.4　中学校1年生の総合的な学習の時間の実践事例

　本節では，中学校1年生の総合的な学習の実践事例[11]を紹介する。

　本実践は，総合的な学習において，職業に関する学習を行った内容である。生徒たちは，職業調べを行った後，各自が調べた内容をはがき新聞にまとめた。

　最初に，はがき新聞にコメントする練習を行った。具体的に，まとめた新聞を台紙に貼り付けて机上に置き，生徒は順にはがき新聞を見てまわる。次に，読んだはがき新聞に対して感想（水色付箋）や，疑問（桃色付箋）を付箋に書いて台紙に貼り付けた。

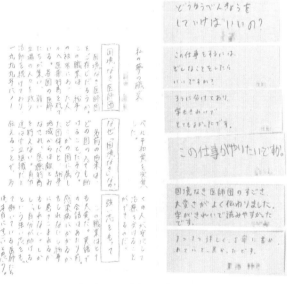

図9　はがき新聞と感想・質問を書いた付箋

　生徒は，それぞれのはがき新聞を読んで，様々な感想や質問を付箋に書いて貼り付けていた（図9）。

次に，「職業人の話を聞く会」を行った。生徒は，様々な職業の方のお話を実際に聞き，その内容をはがき新聞にまとめた。その次に，練習と同様に付箋に感想と質問を書いてまわった。生徒たちは，新聞に貼ってもらった付箋を見て，感想を読んだり，質問の回答を準備したりした（図10）。

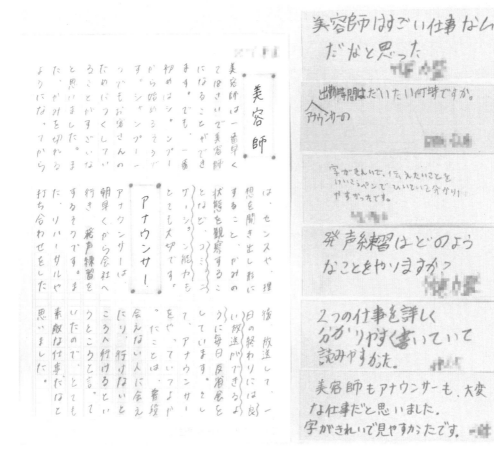

図10　職業人の話を聞いてまとめた新聞及び生徒のコメント

最後に，4～5人班ではがき新聞を用いての口頭発表を行った。生徒は，クラスメイトの書いたはがき新聞を積極的に読んだり，書かれた質問内容についての答えを考えたりする姿が見られた。その後の発表時には，クラスメイトの目を見て堂々と発表できた。また，聞き手側も発表者を見て，うなずきながら温かな雰囲気で発表を聞くことができた。

発表後，「コメントを見た後での発表はどうだったか」という質問を生徒に行った。生徒達は，「自信をもって発表できた」，「質問がアドバイスになってすごく話しやすかった」，「みんなの知りたいことが分かって発表しやすかった」，「コメントがあると安心して話せた」等と，多くの生徒が普段よりも自信をもって安心して話ができたことが分かった。このようにして，はがき新聞を手立てとして取り入れることで，生徒たちは安心して堂々と発表する力を身に付けることができるのである。

第4章　ICT 機器の効率的かつ効果的な活用を目指して

　本章では，GIGA スクール構想の実現に向けて重要視されている ICT 機器の効率的かつ，効果的な活用に関する実践事例を紹介する。本章は，総合的な学習の時間に限らず，様々な教科で活用できる内容にするため，授業の学習過程に即して，復数の実践事例を紹介する。

4.1 情報活用能力を身に付けた子供とは？

本節は，磯部（2022）[1] の一部を引用・改変しながら，情報活用能力についての解説を行う。文部科学省の「小学校段階におけるプログラミング教育の在り方について（議論の取りまとめ）」では，『学ぶ』ことの意義と，これからの時代に求められる力の再確認」において，以下の答申を示している[2]。

（中略）子供たちが複雑な情報を読み解いて，解決すべき課題や解決の方向性を自ら見いだし，多様な他者と協働しながら自信を持って未来を創り出していくために必要な力を伸ばしていくことが求められる。また，その過程において，私たちの生活にますます身近なものとなっている情報技術を，受け身で捉えるのではなく，手段として効果的に活用していくことも求められる。

※波線は，筆者が引いた部分である。

キーワードは，情報技術を受け身で捉えるのではなく，手段として効果的に活用していく力が求められている，ということである。従って，筆者は，情報活用能力とは，「自ら進んで学び，相手に分かりやすく伝える力」と平易に表現している（図1）。

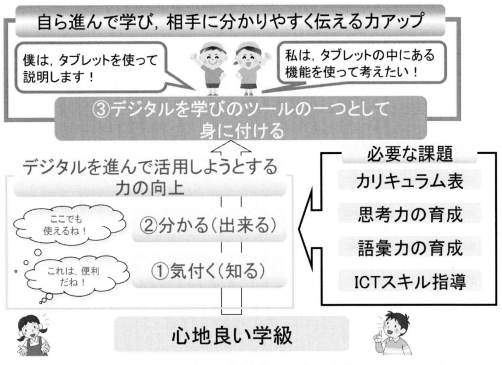

図1　情報活用能力を育てるための3段階

図1を基に，情報活用能力を身に付けた子供に育てるための3段階を紹介したい。初めに，各学級が，「支持的な学級風土（以下，心地良い学級）」づくりを進めることは，当然

大切なことである。その上で，一つ目の段階は，「気付く（知る）」段階である。具体的には，「心地良い学級」において，各授業者は，子供たちに複数の教科でタブレット端末を使う機会を設定する。子供たちには，「学習を進める上で，タブレットを活用した方が便利だ」，という気付きを持たせるのである。二つ目の段階は，「分かる（出来る）」段階である。例えば，国語科の授業で，知らない言葉を調べるために，タブレットを活用した授業を経験した子供が，社会科や総合的な学習の時間等，他の教科でもタブレットを活用する機会を設定する。子供は，「国語科で使ったタブレットの機能が，ここでも使える」，ということに気付く。二つ目の段階を経た子供たちは，「デジタルを進んで活用しようとする力」が向上した姿として捉えることが出来る。三つ目の段階は，「デジタルを学びのツールの一つとして身に付ける」段階である。ポイントは，子供たちに，「分かる（出来る）」実感を毎日継続させていくことである。子供たちは，少しずつ，自らの意思で「僕は，発表会に向けて，タブレットを使って説明します」，というように，相手に分かりやすく伝えるには，どのような手段を用いれば良いのか，また，タブレットを活用した方が効率的かつ，効果的に情報を整理することが出来るのではないか等と，タブレットをツールの一つとして取捨選択する姿へと変容していく。私は，このような段階へ子供たちを育てていくことが，情報活用能力の目指す具体の姿であると考える。

4.2　情報活用能力を身に付けさせる学習事例の紹介

　各学校の情報活用能力の育成と確実な定着を目指すには，「1人の100歩」よりも，「100人の1歩」，すなわち，全教員がワンチームとなり，足並みを揃えた指導体制が最も大切である。その主たる要因の一つが，文部科学省が2022年1〜2月，全国の国公私立の小学5年，中学2年，高校2年から抽出した計約1万4千人を対象に行った調査結果から伺える。調査内容の内，環境問題をテーマにウェブサイトのリンク先を開き，読み取れる内容を選択肢から答える問題があった。その正答率は，小5が31.5%，中2が58.4%，高2が73.0%であり，習熟度のばらつきが明らかになったのである[4]。

　今後，足並みを揃えた指導体制の最重要ポイントは，学年間で「何を」，「どこまで」，「どのように」教えるのかを年度初めに計画を立て，年度末に向かって少しずつ進めることである。そこで，筆者が関わる複数の研究校の内，ある小学校で進めている操作スキル表を紹介する（表2）。

　表2のように，教員が足並みを揃えて情報活用能力の育成を行うことで，子供たちには，「分かる（出来る）」実感を毎日継続させていくことが出来る。子供たちは，自らの意思で，「タブレットを活用した方が，簡単に情報を整理することが出来そうだ」等と，タブレットをツールの一つとして取捨選択する姿へと変容していく。私は，このような段階へ子供達を育てていくことが，情報活用能力の目指す具体の姿であると考える。

　一方，図1右側に示した通り，情報活用能力を育てるために必要な課題は，主に4点ある。カリキュラム表の具体的な事例は，巻末資料（その3，その4）に掲載しているので，適宜参照してもらいたい。「思考力の育成」については，第2章で解説を行った。次節以降，「ICTスキル指導」と「語彙力の育成」の2点を述べる。

表2 情報活用能力の育成を目指す操作スキル表

低学年	写真・動画を撮影する	課題を解決するために，写真や動画を撮影する。スクリーンショットも可。
	写真・動画を視聴する	自分で撮影した写真や動画を視聴する。NHK for School 等の動画を見ることも可。
	音声を録音する	自分の声や友達の声等を録音する。
	書き込む	自分で撮影した写真や，教師から送られた資料に書き込む。
	送る	自分が撮影した写真や動画，書き込んだ資料を教師に提出したり，友達に送りあったりする。
中学年	友達の考えを一覧で見る	コラボノートを活用して，短い時間で全体の意見を共有して，相違点を見つける。
	タブレットを使って，説明する	自分で撮影した写真や動画，考え方をテレビに映し出し，全体に向けて説明する。
	インターネットで調べる	自分が興味をもったことや，問題の解決策を自由に調べる。
	タイピングを練習する	調べ学習等をするために，ローマ字の学習以降に練習する。
高学年	思考ツールを活用する	自分の思考の発散・収束を繰り返して，新たな価値やアイデアを創造する。
	プレゼンソフトを使って，説明する	説明する内容を分かりやすくするために活用する。

4.3 語彙力の育成に向けて

　情報活用能力を向上させていくと，大人も子供も，「ここを見てください」，「その理由は，そこに書いてある通りです」等と，「こそあど」言葉が増えていく可能性がある。特に，話す・書く場面では，各教科で身に付けた言葉を用いて表現させる機会を大切にする必要がある。例えば，算数科の面積の求め方を説明する場合，「点 e から辺 ad に向かって直線を引きます。その直線と辺 ad が交わる所を点 f とします」のように，辺や点の用語を用いて話す・書く機会を大切にすることである。理想教育財団の助成物の一つでもある「言葉のポケット」[3] は，語彙力の育成に直結し，確かな情報活用能力の育成へつながっていく。

4.4 ICT スキル指導に向けて

　子供たちに情報活用能力を身に付けさせるためには，教師一人一人の情報活用能力の向上は必須である。教師に必要な活用スキルを表3に整理する。表3に示した6項目の内，一人一人が出来そうなスキルを少しずつ増やしていくことで，情報活用能力を向上させる姿を期待したい。

表3　教師に必要な活用スキルの6項目

☐　大型提示装置を活用しよう
　・カメラ機能を活用して，資料やノートを大型提示装置に映す
　・Apple TV 等を活用して，タブレット画面を大型提示装置に映す
☐　学習用アプリを活用しよう
　・デジタル教科書や，NHK for School 等のデジタル教材を活用する
　・ドリルソフト当の個別学習用アプリを活用する
☐　授業支援ソフトを活用しよう
　・授業支援ソフトを活用して，タブレットに入力した児童生徒の意見を大型提示装置に映す
　・授業支援ソフトを活用して，資料の配布や回収をする
☐　協働学習を授業の中に取り入れよう
　・小型のホワイトボードを活用した授業（アナログ）から，タブレットを活用した授業（デジタル）へ切り替える
☐　デジタルを活用する場面と，黒板を活用する場面を意識しよう（例：黒板の左側はスクリーン投影，右側は書くスペース）
☐　ビデオ会議アプリを活用しよう
　・家庭学習や，現職研修会等で活用（練習）する

4.5　ICT 機器の効率的かつ効果的な活用を目指して

　本節では，学習過程に即して ICT（Information, Communication and Technology）機器を活用した探究方法を紹介する。初めに，ICT 機器を使うことによる授業のメリットを整理する。そのメリットとは，「効率」「効果」の2点である（表4）。

表4　デジタル機器を使うことによるメリット

効率（早さ）	効果（効き目）
・時短になる。	・話し合いの場が深まる。
・進度・習得への近道になる。	・学力アップへの近道になる。

　表4より，効率的かどうかは，時短が鍵となる。効果的かどうかは，授業者及び子供にとって学力向上への手応えや実感を持てるかどうかがポイントである。ICT 機器を用いた授業を行う際，表4で示した項目を出来るだけ満たすことを期待する。

　本節は，筆者の研究協力者の向田識弘講師（金沢学院大学）と共同研究した内容の一部である。筆者らは，様々な先行研究を参考にしつつ，授業を四つの学習過程に区分し，効率的かつ，効果的に ICT 機器を用いた探究方法を検討・整理した。

4.5.1　導入場面の ICT を活用した探究方法

　導入場面における ICT を活用した探究方法は，5種類ある（図2〜3）[5〜8]。

① 前時を振り返る
② 前時の復習を行う
③ 学習課題への興味・関心を高める
④ ワークシートや資料を配布する
⑤ 学習課題をつくる

① 「前時を振り返る」場面では

前回の授業時に板書を
撮影して保存したうえ
で，授業の振り返りに
前回の板書を大型提示
装置に映して確認する

【参考】熊本県情報活用能力育成ガイド

② 「前時の復習を行う」場面では

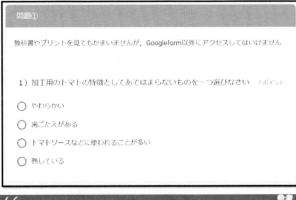

テスト機能（Google
Formsなど）を活用し，
前時の学習事項につい
ての小テストを行い，
知識の定着を図る

短時間で取り組めて，その場で
採点結果が出るように選択式の
問題にする工夫

参考　愛知「1人1台端末の有効的な使い方」事例集2022

③ 「学習課題への興味・関心を高める」場面では

事前に撮影した動画などを見せる

外部の動画資料などを見せる
例：NHK for School
教師用の資料も
充実している

【参考】岐阜県学びを変えるICT活用ガイド2020

図2　「①前時を振り返る」，「②前時の復習を行う」，「③学習課題への興味・関心を高める」の実践例

④「ワークシートや資料を配布する」場面では

【技術】生物育成デジタル栽培記録

向田識弘・2021/09/28

授業で説明します

栽培デジタル記録
Google スライド

テンプレートを作っておき，学習者の端末に自動で複製する

あらかじめ予定として配布する時間などを設定しておくと管理しやすい

クラスルームに資料を投稿して閲覧させる

⑤「学習課題をつくる」場面では

アンケート作成機能（Google Forms）

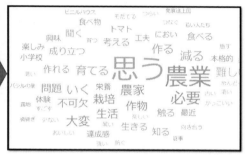

アンケートを取り，テキストマイニング（ワードクラウド）をもとにみんなで考えたい課題をつくる

AIテキストマイニング，ユーザーローカル社
https://textmining.userlocal.jp/

Kanazawa Gakuin univ. MUKAIDA Lab.

図3　「④ワークシートや資料を配布する」，「⑤学習課題をつくる」の実践例

　図2の「①前時を振り返る」では，前回の授業に板書を撮影・保存しておく。授業の最初では，その板書の画面を大型提示装置に映して確認を行う。「②前時の復習を行う」場面では，テスト機能（Google Forms 等）を利用し，前時の学習事項についての小テストを行い，知識の定着を図ることを推奨する。「③学習課題への興味・関心を高める」場面では，事前に撮影しておいた動画や外部の動画資料を見せることが考えられる。図3の「④ワークシートや資料を配布する」場面では，クラスルームに資料を投稿して閲覧させたり，予め作っておいたテンプレートを，子供達のタブレット端末に自動で複製・活用したりする。「⑤学習課題をつくる」場面では，アンケート作成機能でアンケートを取り，テキストマイニングを用いて，学級全員で考えたい課題をつくることが考えられる。

4.5.2　展開場面の ICT を活用した探究方法

　展開場面における ICT を活用した探究方法は，11 種類ある（図4～8）[9～10]。

① 観察や記録の結果をまとめる	⑦ 他者の意見や成果物にコメントする
② 実験や測定の結果を分析する	⑧ 音声入力で文字を起こす
③ 違いを比較する	⑨ 図形を観察・分類する
④ グループで意見を出し合う	⑩ 思考の見える化を図る（ポジショニング）
⑤ 意見を書き込む	⑪ グループで発表資料やレポートを作成する
⑥ 作業用フォルダを共有する	

①「観察や記録の結果をまとめる」場面では

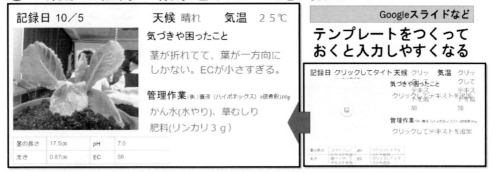

プレゼンテーションソフトに写真や文字で観察や記録をまとめる

②「実験や測定の結果を分析する」場面では

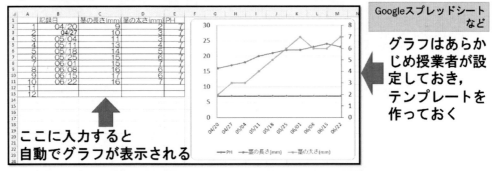

スプレッドシートを配布して，実験の結果の数値を入力する

図4 「①観察や記録の結果をまとめる」，「②実験や測定の結果を分析する」の実践例

71

③「違いを比較する」場面では

アプリ（二画面ビデオ（無料）など）を使って動画を並べて再生する

再生速度を変えることで違いを比較しやすくなる
また，片方をカメラに切り替えることでリアルタイムの映像と比較もできる

撮影した動画や写真を二つ並べて繰り返し視聴することで，細かな違いや変化に気づくことができる

Kanazawa Gakuin univ. MUKAIDA Lab.　熊本ここからはじめるＩＣＴ活用ガイド
https://www.pref.kumamoto.jp/site/kyouiku/76657.html

④「グループで意見を出し合う」場面では

Google Jamboard

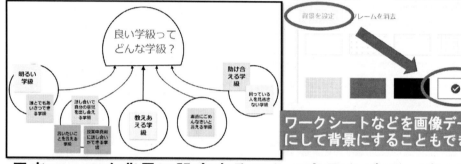

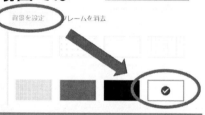

ワークシートなどを画像データにして背景にすることもできる

思考ツールを背景に設定することで意見をグルーピングしやすくなる

⑤「意見を書き込む」場面では

Googleスプレッドシート等

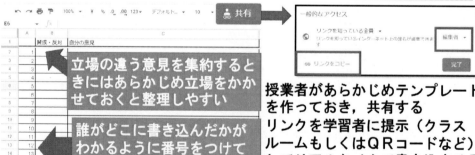

立場の違う意見を集約するときにはあらかじめ立場をかかせておくと整理しやすい

誰がどこに書き込んだかがわかるように番号をつけておくとよい

授業者があらかじめテンプレートを作っておき，共有する
リンクを学習者に提示（クラスルームもしくはＱＲコードなど）してリアルタイムで書き込ませる

共同編集機能を使うと，意見の集約が簡単にできる

図5　「③違いを比較する」,「④グループで意見を出し合う」,「⑤意見を書き込む」の実践例

⑥「作業用フォルダを共有する」場面では

授業者用の端末

①授業者用の端末でフォルダを作成する
②フォルダを共有する
③リンクを学習者に知らせる

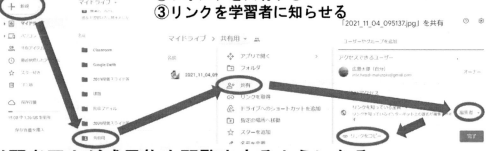

学習者同士が成果物を閲覧出来るようになる

⑦「他者の意見や成果物にコメントする」場面では（1）

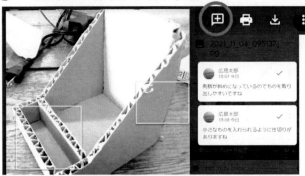

【画像の場合】
作業用フォルダを共有して，
他者の成果物に対して
コメントを入れさせる

画像にマーカーをつけることで注目した点が分かりやすい

⑦「他者の意見や成果物にコメントする」場面では（2）

【文章の場合】
作業用フォルダを共有して，
他者の成果物に対して
コメントを入れさせる

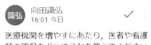

向田識弘
16:01 今日

医療機関を増やすにあたり，医者や看護
師の確保をどうするかを教えてください

共同編集でコメントや意見を入れることができる

図6　「⑥作業用フォルダを共有する」，「⑦他者の意見や成果物にコメントする」の実践例

⑧「音声入力で文字を起こす」場面では

Googleドキュメントなど

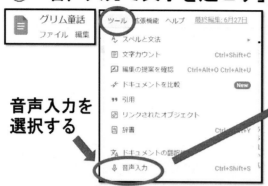

英会話の発音練習などにも使うことができる

音声入力を選択する

クリックして話すと音声認識によって文字が入力される

文字入力支援だけでなく，話し合いの可視化にも期待大

⑨「図形を観察・分類する」では

Google Jamboard

複雑な図形も動かして考える

錯視を図形を動かして確かめる

図形を実際に動かして考えることで思考が深まる

⑩「思考の見える化を図る（ポジショニング）」場面では

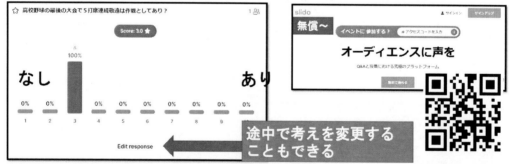

途中で考えを変更することもできる

クラス全体で自分の立場を表明し，話し合い，その前後にポジショニングを確認することで思考の変化を可視化できる

Kanazawa Gakuin univ. MUKAIDA Lab.　　　Slido（インタラクティブ投票サービス）https://www.slido.com/jp

図7　「⑧音声入力で文字を起こす」，「⑨図形を観察・分類する」，「⑩思考の見える化を図る（ポジショニング」の実践例

⑪「グループで発表資料やレポートを作成する」場面では

あらかじめグループ分の
スライドのテンプレート
とリンクを作っておくと
把握できる

Googleスライドなど

共同編集機能を活用し，グループ内でページの割り振りを行い，効率よく短時間で資料を作成させる

図8 「⑪グループで発表資料やレポートを作成する」の実践例

　図4の「①観察や記録の結果をまとめる」場面では，テンプレートを事前に作成しておくと，子供にとっては自分の考えを入力するのが容易になる。「②実験や測定の結果を分析する」場面でも，グラフを予め設定しておくと共に，テンプレートを作っておくことで，実験や測定結果の入力がスムーズに進む。

　図5の「③違いを比較する」場面では，二画面ビデオのようなアプリを用いて動画を並べて再生する，双方の細かい違いや変化に気付くのが簡単になる。「④グループで意見を出し合う」場面では，第2章でも紹介した様々な思考ツールを背景に設定することで，お互いの意見のグループ化を可能とする。「⑤意見を書き込む」場面では，授業者が予めテンプレートを作っておき，共有する。次に，共有リンクを子供に提示してリアルタイムで書き込ませる。意見の集約を行う際，立場の違う意見を集約する時には，予め立場を書かせておくと整理しやすい。また，誰が書き込んだのかが分かるように番号を付けておくことも大切である。

　図6の「⑥作業用フォルダを共有する」場面では，授業者用の端末でフォルダを作成し，そのフォルダを共有する。そのリンクを子供に知らせることで，成果物を相互に閲覧することが出来る。「⑦他者の意見や成果物にコメントする」場面では，画像の場合と文章の場合とで使い分けることが必要である。

　図7の「⑧音声入力で文字を起こす」場面と「⑨図形を観察・分類する」場面，「思考の見える化を図る（ポジショニング）」場面に共通するキーワードは，可視化である。話し合う素材を可視化することで，話し合いが深まることを期待する。図8の「⑪グループで発表資料やレポートを作成する」場面では，共同編集機能を活用し，グループ内でページの割り振りを行い，効率良く短時間で資料を作成させることを可能にする。

4.5.3　まとめ場面の ICT を活用した探究方法

　まとめ場面における ICT を活用した探究方法は，3種類ある（図9〜10）[11〜12]。

①　学習をデジタル新聞でまとめる
②　収集した感想の傾向を分析する
③　板書を撮影・蓄積する

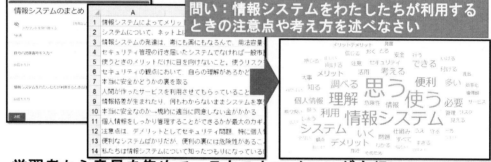

図9 「①学習をデジタル新聞でまとめる」、「②収集した感想の傾向を分析する」の実践例

　図9の「①学習をデジタル新聞でまとめる」場面では，記事の文量及び文字・写真の効果を考えながらレイアウトすることで，相手に伝えることを意識したまとめを可能にする。第3章で紹介したはがき新聞のデジタル版としてのテンプレートの作成・実施は，同様の効果が期待できる。「②収集した感想の傾向を分析する」場面では，全体からの意見を集めて，テキストマイニングを行う。授業者にとっても子供にとっても，授業で考えた傾向をクラス全体で共有することが出来るため，その時間のまとめが容易になる。

③「板書を撮影・蓄積する」場面では　カメラアプリ，クラスルーム等

授業者が撮影した板書画像をクラスルームなどで共有し，学習者が自分の端末でマーキングして保存する

あくまでも板書撮影は補助的なものと考え，その授業の学びや気付きなどをノートに記述することを大切にする

愛知県，「1人1台端末の有効的な使い方」事例集2022より引用

授業の終わりに板書を撮影し，重要なポイントや共感できる仲間の考えなどをマーキングして保存する

図10　「③板書を撮影・蓄積する」の実践例

　図10の「③板書を撮影・蓄積する」場面では，子供一人ひとりが自分の端末で，重要なポイントや納得できた点を中心にマーキングして保存する。まとめの時間を全体で確保することが難しい場合，個々のマーキング・保存は，十分な学習のまとめになる。

4.5.4　振り返り場面のICTを活用した探究方法

　振り返り場面におけるICTを活用した探究方法は，4種類ある（図11〜13）[13〜14]。

> ①　振り返りを書く
> ②　単元や授業の振り返り動画を撮影する
> ③　学んだことをクイズにして解答させる
> ④　学習の成果をクラスルームで提出させる

①「振り返りを書く」場面では　Google Forms, Googleスプレッドシートなど

アンケート形式での振り返り　　　　　学習記録としての振り返り

アンケート形式では学習者の意見をすぐに集約でき，スプレッドシート形式では学習者が記録を蓄積できる

図11　「①振り返りを書く」の実践例

② 「単元や授業の振り返り動画を撮影する」場面では

Google Forms,
Googleスプレッドシートなど

児童・生徒の学習活動の成果物を,
デジタルデータでクラウドへ保存

体育等の実技，詩や作文の朗読動画，
理科の実験のまとめにおいて，個人
やグループで動画を作成させる

逆引き版ICT活用ハンドブックより

継続的な取り組みにより，学習の記録をポートフォリオと
してまとめることができる

図12 「②単元や授業の振り返り動画を撮影する」の実践例

　図11の「①振り返りを書く」場面では，アンケート形式で振り返らせる場合と，学習記録として振り返らせる場合とがある。特に，学習記録として振り返らせる場合には，第2章で紹介した振り返りの視点を提示しつつ，振り返る力の育成を推奨する。図12の「②単元や授業の振り返り動画を撮影する」場面では，音声や映像を含む動画を作成・保存させることで，一人ひとりのポートフォリオにつながる。

　図13の「③学んだことをクイズにして解答させる」場面では，Google Forms 等を用いてクイズを作成しておき，個々に解答させる。個人の点数をすぐに本人にフィードバック出来ると共に，正誤の状況を全体で共有することで，理解度の状況や留意点の確認も可能になる。また，子供達同士でクイズを考えさせて，出題し合う振り返りの場合，授業の初めに，子供達に振り返り方法を予告しておく。子供たちは，クイズを出すことを意識して授業に望むため，主体的に授業に取り組む姿が期待出来る。「④学習の成果をクラスルームで提出させる」場面では，ルーブリックを確認しながら，本時の学びを文章で記述したり，制作したりして，成果物を提出させることが出来る。資料（その5）には，無料で使用出来るアプリを紹介しているので，参照されたい。

　そこで，ICT を効率的かつ，効果的なツールとして活用するための演習用シートを紹介する（表4）。各学校では，表4を活用しつつ，ICT 機器をツールとして活用出来る授業づくりを目指すことを期待する。表4を基に作成された指導案を資料（その6）に掲載した。

　最後に，筆者が関わるプログラミング教材を2種類紹介する。一つは，理想科学工業株式会社（以下，理想科学）と共同開発している取り組みである。筆者は，理想科学と共に，Scratch の機能に基づく拡張機能の開発・実践・普及に取り組んでいる。理想科学は，理想科学の独自の Scratch として，三つのコンセプト「授業準備にかかる手間を減らし，学びの質を高めること」，「教科学習の延長として，様々な体験・経験ができるシミュレータを可能にすること」，「低学年からでも簡単に学べるプログラミングを充実させること」を重視した拡張機能の開発を進めている（資料の「その7」参照）。二つ目は，久富電機産業株式会社が開発したプログラミング教材（オーロラキュート）である。筆者が監修となり，小学3～6年生を対象とした授業の流れやワークシートを作成した（資料の「その8」参照）。

③「学んだことをクイズにして解答させる」場面では（1）

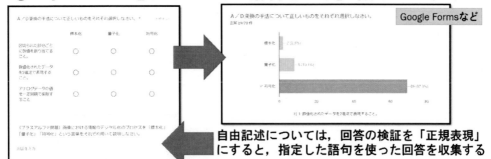

自由記述については，回答の検証を「正規表現」
にすると，指定した語句を使った回答を収集する

個人の点数をすぐに本人にフィードバックできるだけでなく，
正誤の状況を全体で共有することでその場で注意点を確認できる

クイズアプリ（Kahoot）など

③「学んだことをクイズにして解答させる」場面では（2）

Kahoot!→

学習の内容をクイズ形式にして，学習者に出題する
学習者にクイズを考えさせて，出題し合う振り返りもある

④「学習の成果をクラスルームで提出させる」場面では

Google Forms，クイズアプリ
（Kahoot）など

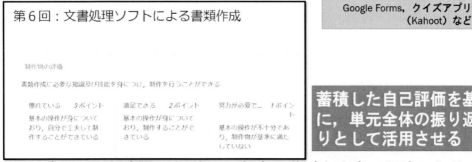

蓄積した自己評価を基
に，単元全体の振り返
りとして活用させる

ルーブリックを確認しながら，本時の学びを文章で記述したり，
制作したりして，成果物を提出させることができる

図13　「③学んだことをクイズにして解答させる」，「④学習の成果をクラスルームで提出させる」の実
　　　践例

表4 指導案をつくるための演習用シート

( ) 学年

1．重点的に力を入れる項目を1，2個決め，◎や○を付けましょう（焦点化）。

授業者が	① 課題やめあてを明確に把握させる	
	② わかりやすく説明し，理解を深める	
	③ 知識の定着，技能の習熟を図る	
子供が	① わかりやすく発表，説明する	
	② 必要な情報を収集，記録する	
	③ 文章や図表，作品にまとめる	

2．力を入れる教科や単元名（一つでも複数でも可）

3．今までのアナログだけの授業では上手くいかなかったことや，大変だったこと，こんなことができたら良かった等，思っていることを考えましょう。または，お互いに話し合いましょう。

4．電子黒板，実物投影機，デジタル教科書，タブレットPCを活用した授業について，これからの活用を計画しましょう。次のAまたは，Bの計画を考えましょう。

★実践可能（むりのない，必ずできるような）な内容を設定しましょう。
★二つまたは，2教科以上の計画を立案しましょう。
★活用計画をみんなで共有して，参考にしましょう。

◆活用計画（A）

学年	教科等名	時期	単元・題材名	活用機器・活用ポイント等
※例 2年	国語	9月	あったらいいなこんなもの	電子黒板，デジタル教科書，実物投影機 ・図，イラストの拡大表示 ・新出漢字の学習 ・子供の意見の取り上げ・発表

◆活用計画（B）

（1）本時の目標

（2）本時の展開

過程（分）	学習活動，主な発問（T） 予想される児童の反応（C）	指導上の留意点・評価	備考 ICT 活用

4．指導案を見直すポイント（出来た項目には，○を付けましょう）

（1）活用ポイント

①何（教科書，ノート，デジタルコンテンツ，放送番組等）を映すかが，明確ですか？	
②どのように（指し示し，ズーム，マスク，書き込み，アニメーション等）映すかが，明確ですか？	
③発話（発問・指示・説明）は，②と一緒に考えましたか？	

（2）留意点の確認

①学習規律を徹底していますか？	
②ノート指導は，充実していますか？	
③板書と連動した視覚化・焦点化・共有化を心掛けていますか？	

資料　その１．小学校１〜６年生の思考の言葉一覧表 [1]

令和３年度　豊田市立元城小学校　現職教育資料「思考の言葉集」　〜　子どもの論理的思考を引き出す働きかけ　〜

論理的思考の分類と、思考を引き出す教師の働きかけの例	思考の方法	教師が選んで使い、子どもに活用させたい思考の言葉の例		
		低学年	中学年	高学年
予想する　問題を解決するために、自らの予想を立てて。	推論する	・広□、どうしたらできそうかな。 ・～は、どうなると思います。 ・もしかしたら～	・たぶん、A は B だと思います。 ・もしかしたら～	・原因や結果を推論し、必要な関連性を見付け、筋道を立てて考える。 ・～だから、多分、A は B だと思います。 ・多分～じゃないかな。
	帰納的な見方（一般化・法則化する）	・A と B とは、どれもの仲間だと思います。	・なぜかというと、A は、B だからです。	・A と B とから、～というまとり（共通点）があります。 ・D と、～（きまり・共通点）になるから。
	類推する（加設して活用する）	・もし、A があったら、～なるかもしれない。	・どうしてかというと、A は、B だからです。 ・○○さんの考えを使って～	・もし、A があったら、きっと～なると思います。 ・もし～だったら
見方を変える　問題を解決するために、大きな動き・事象を細かい動き・事象に簡単と分けて考える。	焦点化する	・どうして、～なのかな。 ・一番つけ加えたいのは～	・A と B とでは、一番～なものは、A です。	・～の中で、いいやりかた（分かりやすい・解きやすい など）はどて～
	視点（立場）・観点を変える	・○○を見つけよう。 ・そのため、一番～なものを見たら～	・A（視点・角度・立場 など）から見たら～ ・私は～だけど、○○さんはどうですか。	・A（視点、角度、立場、他者の考えなど）から見たら～ ・私は～だけど、○○さんの考えと反対で～
	再分類・再構成する（分類を変える）	・わたし（自分の立場）だったら～ ・他にも～があります。	・言い方を変えると～ ・～で分けると～	・他の分け方をすると。 ・～で分けると、～の違いが分かりやすい。
なかまに分ける　似ている動き・事象同士を分類し、必要な要素・観点を価値とともに選ぶ。	共通点で見る	・どんな仲間に分けられるかな。 ・～を見つけましょう。	・A と B とは、どれも（どちらも）～です。	・似ている動き・事象同士を分類し、必要な要素・観点を価値とともに選ぶ。 ・A と B とでは、どれも～に分けられます。
	逆思考する	・予想や結果を深く考えさせる ・○○の仲間はどれかな。	・はんたいに～	・もし、A じゃなくて、B だったら～
	類推する（具体化する）	・○○さんと同じで～ ・相違点を見付け、共通点を探させる	・～もいいけど、～もいいです。	・もし、A じゃなくて、B だったら～
		・他にも～があります。	・A なものは、たとえば～があります。	・A なものは、たとえば～があります。
比べる　問題の中にある、類似性や関係性に注目して考える。	比較する	・～と似ている（違う）ところは、どこかな。	・A と B を出すと、A の方が大きいです。 ・～より～の方が～	・見出した類似性や関係性が、他の場面でも活用できることを考える。 ・A と B を比べると、A のほうが～です。 ・○○の△△かな～
	関係付ける	・比較する言葉を促す ・～を使って、考えてみましょう。	・なぜかというと、A は、B だからです。 ・○○さんの考えを使って～	・～で、その理由は～だからです。 ・A と□の２つの資料から～
	類推する	・A が～だから、B も～だと思います。 ・きっと～	・B の立場にたつと、A みたいになると思います。	・A が～なのは、～だから、きっと B でも～なると思います。
組み合わせる　問題解決のために、効果的なアイデア（方法や手順）を考える。	拡散する①（パターンを付ける）	・アイデア（方法や手順）の達成や効果を考える。 ・他にも、もっと～になるかな。	・問題解決のために、効果的でかつ、効果的なアイデア（方法や手順）を考える。 ・A にしたら、もっと～になるだろう。	・問題に応じて、効果的かつ、効果的な立体的発想性や関係性を取り出し考える。 ・A にしたら、もっと～になるだろう。
	再分類・再構成する②（創作や実践などを促す）	・どうしたら、もっと～になるかな。 ・工夫して、～してつないでみよう。	・A にして、～つけ加えて～	・A にして、もっと～になるだろう。
	変換する	・（結果が分かったうえで）～になったのは～だからです。	・（結果が分かったうえで）A になったのは～だからです。	・（結果が分かったうえで）A になったのは～だからです。
ふりかえる　他者評価を取り入れ、自分の成長や効果の修正または改善点を考える。	拡散する②（パターンを付ける）	・A（大きさ、長さ、数字など）を増やす（減らす）と～ ・自分にとって、一番な分は どこ（どれ）は～	・A（大きさ、長さ、傾き、重さなど）を変えると思います。 ・最初は～と思っていたけど、今は～と思います。	・より良いアイデア（方法や手順）を見付けるように考える。 ・A さんの～というよい見方を使って、私は～があると思いました。 ・最初は～と思っていたけど、○○さんの意見を聞いて、～と思いました。
	具体化する（思考ツールの図）	・思ったところはどこかな。 ・図をかいてみたらどうかな。	・図をかいてみたら、A だとわかります。	・図をかいてみたら、A だとわかります。
	連想する	・学びを整理する ・グループで話し合って、～を見つけましょう。	・A に似ていて～ ・次は～をするといいと思います。	・A に似ていて～ ・○○かけるけど、～もみけるけど～ ・□□の関係図を使って～
		・～と似ていて～ ・同じで～	・自分だったら～ ・次はこうすると、～になると思います。	・自分だったら～ ・A が上手くいった（いかなかった）から、次は B をしたいと思います。

82

論理的思考の分類と、思考を引き出す教師の働きかけの例	教師が進んで使い、子どもに活用させたい思考の言葉の例	思考の方法
	低学年	
予想する	問題を解決するために、自らの**予想**を立てる。	
・～は、どうしたらできそうかな。 ・～は、どうなると思うかな。 ⇒ 論理的に説明することを促す ・～から分かったことは何かな。 ⇒ これまでの知識・技能を活用させる	・たぶん～ ・もしかしたら～ ・どれも～ ・もし～	推量する
		帰納的に見る (一般化・法則化する)
		加減する (パターンを分ける)
見方を変える	大きな動き・事象を、**細かい動き・事象に分ける**。	
・どうして、～なのかな。 ⇒ 根拠や原因を深く考えさせる ・○つ、～を見つけましょう。 ・その中から、一番～なものを見つけましょう。 ⇒ 見つけたものを分類させる	・～の中で、一番～ ・わたしだったら～ ・他にも～	焦点化する
		視点(立場)、観点を変える
		再分類・再編成する① (分類を変える)
なかまに分ける	似ている動き・事象同士を分類し、必要な要素・観点を**他者と一緒**に考え、選ぶ。	
・どんな仲間に分けられるかな。 ・～を見つけましょう。 ⇒ 予想や謎解きを促す ・～の仲間はどれかな。 ・○○さんの意見は、どの考えに近いかな。 ⇒ 特徴を分け、共通点を探させる	・どれも(どちらも)～ ・つまり～ ・はんたいに～ ・～もいいけど～ ・たとえば～	共通の基準で見る
		逆発想する
		演繹的に見る (具体化する)
比べる	問題の中にある、**類似性や関係性**に注目して考える。	
・～と似ている(違う)ところは、どこでしょう。 ⇒ 比較する思考を促す ・～を使って、考えてみましょう。 ⇒ 条件を提示し、知識・技能の活用を促す	・AとB**より**、Aの**方が**大きいです。 ・とくに～	比較する
	・**なぜかというと**、Aは、B**だから**です。 ・りゆうは～	関係付ける
	・Aが～**だから**、B**も**～だと思います。 ・きっと～	類推する
組み合わせる	問題解決のために、**いろいろなアイデア(方法や手順等)**を考える。	
・どうしたら、もっと～になるでしょう。 ・工夫して、～してみましょう。 ⇒ 創作や実践などを促す	・どうしたら、**もっと**～になるかな。	拡張する① (パターンを分ける)
	・(結果が分かった上で)Aになったのは～だからです。	再分類・再編成する② (要因・原因を考える)
	・A(大きさ、長さ、数字など)を**増やす(減らす)と**～	変換する
ふり返る	アイデア(方法や手順等)の**成果や効果**を考える。	
・自分にとって、一番なるほど!と思ったところはどこかな。 ⇒ 学びを整理させる ・グループで話し合って、～を見つけましょう。 ⇒ 協働的な学びを促す	・**他にも**～があります。 ・**次は**、～をしてみたいです。 ・**これからは**～	拡張する②
	・図をかいてみたらどうかな。	具象化する (思考ツールの図)
	・Aと似ていて～ ・同じで～	連想する

論理的思考の分類と、思考を引き出す教師の働きかけの例	教師が進んで使い、子どもに活用させたい思考の言葉の例 中学年	思考の方法
予想する	原因や結果から、必要な関係性を見付け、筋道を立てて考える。	
・〜は、どうしたらできそうかな。 ・〜は、どうなると思うかな。 ⇒論理的に説明することを促す ・〜から分かったことは何かな。 ⇒これまでの知識・技能を活用させる	・〜**だから、多分**、AはBだと思います。	推量する
	・AとBとCは〜**だから、（どれも）**〜だと思います。	帰納的に見る（一般化・法則化する）
	・**もし、A**があったら（なかったら）、**きっと**〜なると思います。	加減する（パターンを分ける）
見方を変える	問題を解決するために、大きな動き・事象を細かい動き・事象に分ける。	
・どうして、〜なのかな。 ⇒根拠や原因を深く考えさせる ・○つ、〜を見つけましょう。 ・その中から、一番〜なものを見つけましょう。 ⇒見つけたものを分類させる	・AとBとCの中で、**一番**〜なものは、Aです。	焦点化する
	・**A（視点・角度・立場など）から見たら**〜　・私だったら〜 ・**言い方を変えると**〜	視点（立場）、観点を変える
	・**他の分け方**をすると〜 ・〜で**分ける**と、〜が見やすいよ。	再分類・再編成する①（分類を変える）
なかまに分ける	似ている動き・事象同士を分類し、必要な要素・観点を自ら考え、選ぶ。	
・どんな仲間に分けられるかな。 ・〜を見つけましょう。 ⇒予想や謎解きを促す ・〜の仲間はどれかな。 ・○○さんの意見は、どの考えに近いかな。 ⇒特徴を分け、共通点を探させる	・AとBとCは、**どれも**〜に分けられます。	共通の基準で見る
	・**もし、A**じゃなくて、**B**だったら〜	逆発想する
	・Aなものは、**たとえば**〜があります。	演繹的に見る（具体化する）
比べる	見出した類似性や関係性が、他の場合でも活用できることを考える。	
・〜と似ている（違う）ところは、どこでしょう。 ⇒比較する思考を促す ・〜を使って、考えてみましょう。 ⇒条件を提示し、知識・技能の活用を促す	・AとBを**比べる**と、Aの**方が**大きいです。　・〜とは違って ・〜**より**…の方が〜　・1つ目は、2つ目よりも〜	比較する
	・**どうして**かというと、Aは、B**だから**です。 ・○○さんの考えを使って〜	関係付ける
	・Bの**とき**にも、Aみたいになると思います。	類推する
組み合わせる	効率的または、効果的なアイデア（方法や手順等）を考える。	
・どうしたら、もっと〜になるでしょう。 ・工夫して、〜してみましょう。 ⇒創作や実践などを促す	・Aにしたら、**もっと**〜になりそうです。 ・つけくわえて〜	拡張する①（パターンを分ける）
	・（結果が分かった上で）**A**になったわけは〜**だから**です。	再分類・再編成する②（要因・原因を考える）
	・**A（大きさ、長さ、傾き、重さなど）を変えました。** ・Bを**C**にするには、〜を**変える**といいと思います。	変換する
ふり返る	他者評価を取り入れつつ、成果や効果の修正点または改善点を考える。	
・自分にとって、一番なるほど！と思ったところはどこかな。 ⇒学びを整理させる ・グループで話し合って、〜を見つけましょう。 ⇒協働的な学びを促す	・**A**さんの意見を聞いて、他には〜があると思いました。 ・**最初は**〜と思っていたけど、**今は**…と思います。	拡張する②
	・**図**でかいてみたら、Aだと分かりました。	具象化する（思考ツールの図）
	・Aと似ていて〜　・**自分だったら**〜　・〜も分けるけど…だ。 ・**次は**〜をすると、〜になると思います。	連想する

論理的思考の分類と、思考を引き出す教師の働きかけの例	教師が進んで使い、子どもに活用させたい思考の言葉の例	思考の方法
	高学年	
予想する	ルールや原則を**帰納的**に見出し、筋道を立てて表現したことを、**他の問題に当てはめて**考える。	
・～は、どうしたらできそうかな。 ・～は、どうなると思うかな。 ⇒論理的に説明することを促す ・～から分かったことは何かな。 ⇒これまでの知識・技能を活用させる	・**～や～から、多分、** AはBだと思います。 ・**多分、**～じゃないかな。	推量する
	・AとBとCから、**～というきまり（共通点）**があります。 ・Dも、～（きまり・共通点）になるかな。	帰納的に見る （一般化・法則化する）
	・**もし、Aがあったら（なかったら）、きっと**～なると思います。 ・**もし～だったら～**	加減する （パターンを分ける）
見方を変える	問題を解決するために、大きな動き・事象を細かい動き・事象に**効率よく分けて**考える。	
・どうして、～なのかな。 ⇒根拠や原因を深く考えさせる ・○つ、～を見つけましょう。 ・その中から、一番～なものを見つけましょう。 ⇒見つけたものを分類させる	・**～の中で、いいやり方（分かりやすい・解きやすいなど）は**Aです。	焦点化する
	・**A（私・視点・角度・立場・他者の考えなど）から見たら（だったら）**～ ・**私は～だけど、○○さんはどうですか。　・○○さんの考えと反対で～**	視点（立場）、観点を変える
	・**他の分け方をすると**～ ・**～で分けると、**～の違いが分かりやすいよ。	再分類・再編成する① （分類を変える）
なかまに分ける	問題解決のために必要な要素・観点を複数取り出し、**最適な要素・観点を自ら考え、選ぶ。**	
・どんな仲間に分けられるかな。 ・～を見つけましょう。 ⇒予想や謎解きを促す ・～の仲間はどれかな。 ・○○さんの意見は、どの考えに近いかな。 ⇒特徴を分け、共通点を探させる	・AとBとCは、**どれも**～に分けられます。	共通の基準で見る
	・**もし、Aではなくて、反対にBだったら**～	逆発想する
	・AとBなものは、**たとえば**～があります。	演繹的に見る （具体化する）
比べる	見出した類似性や関係性から、**問題を解決するために必要な類似性や関係性を取り出し、考える。**	
・～と似ている（違う）ところは、どこでしょう。 ⇒比較する思考を促す ・～を使って、考えてみましょう。 ⇒条件を提示し、知識・技能の活用を促す	・AとBを**比べると、**Aの方が～です。 ・○○より△△の方が～	比較する
	・**～です。その理由は～だからです。　・どうしてかというと～** ・**○と□の2つの資料から考えて**…	関係付ける
	・Aが～なのは、**～だから、きっと**BやCも～と思います。	類推する
組み合わせる	問題に応じて、**効率的かつ、効果的なアイデア（方法や手順等）**を考える。	
・どうしたら、もっと～になるでしょう。 ・工夫して、～してみましょう。 ⇒創作や実践などを促す	・Aにしたら、**もっと**～になりそうです。	拡張する① （パターンを分ける）
	・**（結果が分かった上で）Aになったわけは**～だからです。	再分類・再編成する② （要因・原因を考える）
	・A（大きさ、長さ、傾き、重さ、体積、温度など）を**変えました。** ・BをCにするには、～を**変える（加える）**といいと思います。	変換する
ふり返る	問題点や課題を見出し、**より良いアイデア（方法や手順等）**を見付けようと考える。	
・自分にとって、一番なるほど！と思ったところはどこかな。 ⇒学びを整理させる ・グループで話し合って、～を見つけましょう。 ⇒協働的な学びを促す	・**Aさんの～という意見を聞いて、私は（他には）**～があると思いました。 ・最初は～と思っていたけど、○○さんの意見を聞いて…と思いました。	拡張する②
	・**図**でかいてみたら、Aだと分かりました。 ・**□→□　関係図**を描くと…	具象化する （思考ツールの図）
	・Aと似ていて～　・ ・Aが上手くいった（いかなかった）から、**次は**Bをしたいと思います。	連想する

教えて !!　プログラミング教育　　　　　　実践紹介 001

 資料1 プログラミング授業　学習指導案（総合的な学習の時間）

愛知教育大学
株式会社 CA Tech Kids

コンピュータプログラムを体験しよう！

単元の目標

・コンピュータを制御する重要な概念（繰り返し，条件分岐等）を理解できる。
・世の中の様々なモノがコンピュータプログラムで制御されていることを理解し，その仕組みに興味・関心をもつことができる。
・学習した概念（繰り返し，条件分岐等）を応用することができる。

単元計画（2時間扱い）

時間	主な学習活動
1〜2	プログラミング言語「Scratch」を用いて，「繰り返し」や「条件分岐」等の概念を体験的に理解し，世の中の様々なモノがコンピュータプログラムで制御されていることを知る。(60分) プログラミング言語「Scratch」を用いて，与えられた課題に対し自らの力でプログラムを構築し，理解を深める。(30分)

本時の展開

時間	○学習活動 ◇発問	◇教師の支援 □評価	・活用するICT
導入（5分）	○講師・インストラクターの自己紹介を聞く。 ○授業の流れを確認する。	◇生徒をスクール形式で着席させる。 ◇講師・インストラクターで全グループをサポートする。	・PC（1人1台） ・マウス（必要に応じて） ・プロジェクター（もしくは電子黒板，ディスプレイ等） ・インターネット接続（必要に応じて）
展開1（30分）	○講師・インストラクターの説明に沿って段階的に「繰り返し」のプログラムを構築する。 ◎作成したプログラムを見て，「繰り返し」の意味役割を考えよう。 ○構築したプログラムの動きを見本に，応用する課題に取り組む。 ○世の中にある身近な動きと結び付け，「繰り返し」の概念を理解する。 （例）自動ドア：ずっと「人がセンサーに触れる→ドアが開く→人がセンサーから離れる→ドアが閉じる」 ○グループごとに例を話し合い，できたグループは手を挙げ発表する。	◇講師の動作に沿って作らせる。 ◇質問があれば講師・インストラクターに質問させる。 □積極的に自ら開発・考察に取り組んでいる。 ◇映像を用いて理解を促す。 ◇繰り返しに関する教具を用意する。 ※「ずっと」のブロックを使った教具を用意する。	・PC（1人1台） ・マウス（必要に応じて） ・プロジェクター（もしくは電子黒板，ディスプレイ等） ・インターネット接続（必要に応じて）

時間	○学習活動 ◎発問	◇教師の支援 □評価	・活用するICT
展開① (30分)	○講師・インストラクターの説明に沿って段階的に「条件分岐」のプログラムを構築する。	◇講師の動作に沿って作らせる。	・PC (1人1台) ・マウス (必要に応じて) ・プロジェクター (もしくは電子黒板, ディスプレイ等) ・インターネット接続 (必要に応じて)
	◎作成したプログラムを見て,「条件分岐」の意味役割を考えよう。		
	○構築したプログラムの動きからプログラムの意味を考察する。 ○世の中にある身近な動きと結び付け,「条件分岐」の概念を理解する。 (例) ・車の衝突防止システム:もし「車が正面の物に近づきすぎたなら→自動でブレーキがかかる」 ・目覚まし:もし「朝8時になっても起きなかったら→ベッド (布団) を揺らして起こしてくれる」 ○グループごとに例を話し合い,できたグループは手を挙げ発表する。	◇質問があれば講師・インストラクターに質問させる。 □積極的に自ら開発・考察に取り組んでいる。	
まとめ (25分)	◎作成したプログラムを見て,「条件分岐」の意味役割を考えよう。		・PC (1人1台) ・マウス (必要に応じて) ・プロジェクター (もしくは電子黒板, ディスプレイ等) ・インターネット接続 (必要に応じて)
	○学んだ知識を活用する課題に取り組む。 ○次回の授業の流れの説明を聞く。	◇質問があれば講師・インストラクターに質問させる。 ◇応用開発で手が止まっている児童には, 講師・インストラクターが開発の方向性について示唆・提案を行う。 □自らの力で, 試行錯誤を繰り返して, 開発に取り組んでいる。 □課題通りにプログラムを作成することができる。	

資料2 プログラミング授業　学習指導案（総合的な学習の時間）

愛知教育大学
株式会社 CA Tech Kids

プログラミング体験教材「Hour of Code」を使って，プログラミングに挑戦しよう。

単元の目標
・ゲームがプログラミングで動いていることを理解することができる。
・ゲームだけでなく，世の中の様々なモノがコンピュータで制御されていることを理解し，その仕組みに興味・関心を持つことができる。
・積極的に ICT 機器を利用し，プログラミングに取り組むことができる。

本時の展開（2時間扱い）

時間	○学習活動 ◎発問	◇教師の支援 □評価	・活用する ICT
導入（5分）	○講師・インストラクターの自己紹介を聞く。		・PC（1人1台） ・マウス（必要に応じて） ・プロジェクター（もしくは電子黒板，ディスプレイ等） ・インターネット接続 ・プログラミング体験教材 HOC（アワーオブコード）Hourofcode.com/mc
	◎このゲームは知っているかな？		
	○表示されたゲームを知っている人は手を挙げる。	◇子どもたちに人気のゲーム「マインクラフト，モンスターストライク」などのゲームの写真を見せる。	
	◎プログラミングってなんだろう？		
	○ゲームがプログラミングで動いていることを知る。 ・プログラミングとは，コンピューターを操って思うように動かすこと。 ・ゲームはプログラミングで作られているということ。	◇導入で提示したゲームと結び付け，皆もプログラミングができるようになればこんなゲームも作れるようになるということを伝えることで，プログラミング学習への意欲を高める。	
	◎実際にマインクラフトを作った人の話を聞いてみよう		
	○マインクラフトの開発主任であるイエンスさんの話を聞く。(0:00～0:30まで) ・11歳からプログラミングを始めた。	※英語の動画なので，字幕が見えるようになるべく大きな画面で見せる。 ◇子供たちと同じ年齢からプログラミングを始めたということを強調し，学習意欲へつなげる。	・Youtube https://youtu.be/55jADNY7Pg

時間	○学習活動 ◎発問	◇教師の支援 □評価	・活用する ICT
導入（5分）	・父の友人がゲームを作りたいならプログラミングを学べといった。	◇オバマ元大統領がプログラミングを学ぶことを応援していることや，世界中の子供たちがプログラミングを学んでいるということを紹介する。	
展開（65分）	◎マインクラフトを使ってプログラミングを体験しよう ○課題の取り組み方について講師の説明を聞く。 ○各自で HOC を用いて課題に取り組む。（全 14 ステージ） ・すべての課題をクリアした生徒は，一番効率的に課題をクリアできるプログラムを組むことを目指し，再度課題に挑戦する。	◇前で実際に課題に取り組み，お手本を見せる。（パズル 1） ◇自分でインターネットブラウザで URL を検索させる。 ◇質問があれば各テーブルのインストラクターに質問させる。 □積極的に自ら HOC の課題に取り組んでいる。	・プログラミング体験教材 HOC（アワーオブコード）Hourofcode.com/mc ※「ブロックリー」と呼ばれるブロックのドラックアンドドロップでプログラムするシステムを使用したプログラミング学習用ソフトを使用する。ブロックを組み合わせることで，JavaScript のコードができ，その命令通りにキャラクターを動かすことができる。
まとめ（10分）	◎プログラミングでどんなことができるのかな？ ○プログラミングでゲーム作りができること理解する。 ○ゲーム作りだけでなく，様々なところでプログラミングが使われていることを知る。	◇リピートのブロックの使い方を確認し，コンピューターは「繰り返し」(loop) が得意であるということを理解させる。 ◇繰り返しの概念から，プログラミングで他にどんなことができるかを考えさせる。 □ゲームだけでなく，世の中の様々なモノがコンピュータで制御されていることを理解し，その仕組みに興味・関心をもつことができる。	

その3．Scratch を活用した学習指導案[3]

6年生　総合的な学習の時間

> 「ぼくたちにも運転できる？　～Scratch 版自動運転の自動車～」

1．単元目標

- ・今後実用化する自動運転の自動車の仕組みについて意欲をもって調べることができる。
- ・自動運転命令ゲームを通して，プログラミングの仕組みを知る。
- ・自動運転の自動車のメリットやデメリットについての情報を整理し，実用についての自分なりの考えをもつことができる。

2．本単元におけるプログラミングのねらい

- ・自動運転の車には，どのようなプログラミングが必要かを考え，設計することができる。
- ・自動運転命令ゲームを行うことで，体感的にプログラミングの仕組みを理解する。
- ・Scratch 上で実際にプログラミングを行い，課題を解決するために，試行錯誤をしながら，修正や改善を行うことができる。

3．単元計画（9時間完了）

時　間	主な学習内容
1～3	・自動運転の自動車についての動画鑑賞を通じて，その仕組みを知る。 ・プログラミングの基本的な流れを知る。（順次処理，分岐処理，反復処理） ・自動運転の自動車にはどんなプログラムが必要かを想像する。
4	・自動運転命令ゲームを行い，自動車をゴールまで移動させることで，プログラミングの仕組みを理解する。
5～9	・Scratch 上でキャラクターを目的地にゴールするためのプログラムを作成する。

4．授業の流れ

（1）1～3時間目

学　習　活　動	指導のポイント
将来，どんな乗り物が実現するだろう？ 　・リニアモーターカー　　　・超音速飛行機　　　・自動運転の自動車	

自動運転の自動車の仕組みを知ろう	
1　自動車会社の，自動運転の自動車を紹介した動画を観て，その仕組みについて知る。	・一般社会人向けに作られている動画なので，あまり深入りをしないように，メリットを中心に取りあげる。
・道路のラインにそって，自動車が動いていて，すごい。	
・交通事故が起きないように，ブレーキがかかって，安全だと思う。	
2　例をもとに，プログラミングの基本的な三つの考え方を知る。	・自動運転の自動車は，プログラミングによって動いていることを伝える。
順次処理についてのイラスト	・課題解決の過程において，順序立てて，プログラム（命令）を実行していくこと（順次処理）
反復処理についてのイラスト	・課題解決の過程において，同じ処理を繰り返して，プログラム（命令）を実行していくこと（反復処理）
分岐処理についてのイラスト	・課題解決の過程において，条件に当てはまる場合にプログラム（命令）を実行していくこと（分岐処理）
3　自動運転の自動車にはどんなプログラムが必要だろうか。	・具体的な場面をいくつか提示して，児童がプログラムを想定しやすくする。
・安全な道路であれば，繰り返して進んでいく。	
・障害物を見つければ，ブレーキをかける。	
・ラインを見つければ，それを目印にして進む。	

（2）4時間目

学　習　活　動	指導のポイント
1　ワークシート上で，碁盤の目のようなマス目を使って，スタートからゴールまで行くためのプログラムを作る。 （自動運転命令ゲーム） ・最初は，順次処理を使って，スタートからゴールまでたどり着けるようなプログラムを作る。 ・命令の数を少なくするように指示を行い，反復処理を取り入れるようにする。 ・経由地（P1）や条件付きのマス目（P2）などを作り，条件処理を取り入れるようにする。 ・自動車の画像を取り入れておき，それをキャラクターとして動かす。

（グリッド図: Start ～ P2, P1, Goal）

（3）5～9時間目

学　習　活　動	指導のポイント
1　Scratch の使い方を知る。	・簡単な順次処理，反復処理，分岐処理のプログラムを練習する。
2　前時で行った自動運転命令ゲームを Scratch 上で行う。	・最初は，順次処理を使って，スタートからゴールまでたどり着けるようなプログラムを作る。 ・命令の数を少なくするように指示を行い，反復処理を取り入れるようにする。 ・経由地（P1）や条件付きのマス目（P2）などを作り，条件処理を取り入れるようにする。

（グリッド図: Start ～ P2, P1, Goal）

ぼくたちにも運転できる？

6年（　　　）組（　　　）番　名前
（　　　　　　　　　　　　　　）

1　自動運転命令ゲームをやってみよう

「Start」から「Goal」までたどり着くまでの道のりを，矢印を使って表しましょう。

Start							
	.					P2	
		P1					
							Goal

2　フローチャートを使って表しましょう。<フローチャートの書き方を使って>

<フローチャートの書き方>

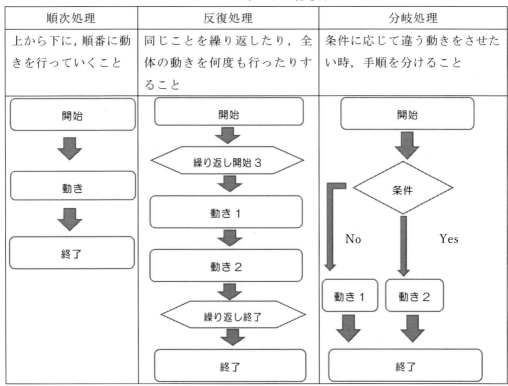

順次処理	反復処理	分岐処理
上から下に，順番に動きを行っていくこと	同じことを繰り返したり，全体の動きを何度も行ったりすること	条件に応じて違う動きをさせたい時，手順を分けること

1年生		4月	5月	6月	7月	9月
A	知・技		○国語「あめですよ」 自分の発表の声をレコーダーで録音し，声の大きさを考えて音読する。○生活「はじめてのコンピュータ①」電源の入れ方・終了の仕方を理解し，マウスの操作を理解する。	○学級活動「はじめてのコンピュータ②」マウスを使って簡単な絵を描くことを理解する。	○生活「はじめてのコンピュータ③」デジタルカメラの操作を理解する。また，ファイルの保存・読み込みを理解する。	
	思・判・表	○生活「わたしのがっこうどんなところ」スライドショーで施設を見ながら使い方（便所・手洗い場の使い方，廊下・階段の歩き方など）を理解する。			○生活「おもしろいあそびがいっぱい」一人一人が見付けた夏についてデジタルカメラで撮影し，グループで話し合ってまとめる。	
	学び				○国語「ほんのひろば」図書館で読みたい本を選び，簡単に紹介する。	
B	知・技		○生活「わたしのがっこうどんなところ」バーコードリーダーを使って本を借りたり，返したりすることができることを理解する【反復】。	○生活「わたしのがっこうどんなところ」探検する場所や手順を話し合う【順次】。○生活「わたしの つうがくろ」通学路で安全を守る監視カメラや信号機など，身近にコンピュータが活用されていることを理解する。	○国語「おおきなかぶ」人物の登場順を考えて問題解決に必要な手順があることに気付く【順次】。また，繰り返し出てくる表現に着目して場面の様子を想像する【反復】。	○国語「かんじのはなし」象形文字（山・木・川・口・目）の成り立ちを理解し，筆順に気をつける【順次】。○算数「とけい（１）」教材ソフトを使って，時計を読む【順次】。
	思・判・表			○生活「わたしのがっこうどんなところ」他のグループの発表を聞いて，次に探検したい場所を話し合う【振り返る】。	○生活「おもしろい あそびが いっぱい」シャボン玉や水，砂を使って，どのようにしたらもっと楽しいあそびになるかを考えて遊ぶ【組み合わせる】。	○音楽「どれみでうたったりふいたよう」鍵盤ハーモニカの基本的な演奏をして，きれいな音色を探す【論理的に を進める】。
	学び	○図工「いっしょにおさんぽ」散歩に行くならどんな仲間がいいか，思い浮かべて粘土でつくる【試行錯誤】。				
C	知・技	○学級活動「図書館の利用」図書館の利用の仕方について理解する。	○学級活動「はじめてのコンピュータ①」コンピュータを使う際のルールを知る。		○学級活動「夏休みに向けて」知らない人に名前や住所などの連絡先を伝えないことを知る。	
	思・判・表		○学級活動「はじめてのコンピュータ①」ルールを守ってパソコンを利用しようとする。		○道徳「かたづけると……」大人と一緒に使い，危険に近付かない。	○体育「とびあそび」友達とぶつからないように周りを見とや，順番を守ることなどを確認す
	学び			○道徳「きそくただしい せいかつ」約束や決まりを守る。		

10月	11月	12月	1月	2月	3月
語「かたかなをかこう」タカナ入力を使って文字を打つ。	○算数「かたちづくり」形のお絵描きをしたり，必要な文字を入力したりする。				
語「わたしのはっけん」見したことを複数取り出し，比べな文章を書く。	○生活「あきとふれあおう」見付けた秋に関することをデジタルカメラで撮影する。文字入力したものを印刷してお話をつくる。			○生活「もうすぐ2年生」1年生を招待するための考えを出し合い，1年生が喜ぶような飾り付けを考える。	
		○生活「ふゆをみつけたよ」一人一人が見付けた冬についてデジタルカメラで撮影し，グループ内で紹介し合う。	○国語「おはなしをつくろう」伝える事柄を集め，分かりやすく伝えるようにまとめ，発表する。		○国語『おもいでブック』をつくろう」1年間の出来事をカードに書き，分かりやすく伝わるように工夫して思い出ブックをつくり，見せ合う。
数「たしざん（2）」かく分け順序立てて考える【順分岐】	★国語『すきなものクイズ』をしよう」Viscuitを用いて，教科書に記載されている言葉が隠れている文を作品に表す【順次】【分岐】。 図工「うつした かたちから」写したものの形や色から思いついたことをあらわしたり，Viscuitを用いて絵を描き，動作かした絵を楽しんだりする【順次】【反復】	○算数「たすのかな ひくのかな」必要な情報を選びながら，解決する手順を考える【分岐】。	○生活「みんなかぜの子」風車やたこ，紙飛行機など，動くおもちゃをつくり，作り方や遊び方を説明する【反復】。	★学級活動「6年生にお礼をしよう」Viscuitを活用してお話になった6年生への思いを表す【順次】【分岐】。	★図工「はこ かざるんるん」Zu3Dを使って，箱を繰り返し動かしたり，効率よく表したりする【反復】【分岐】。
工「どんどん ならべて」の回りの物をどんどん並べて，どのにしたら楽しい形や色ができるのか考える【組み合わせる】。	○国語「おもい出してかこう」経験した出来事や文章の書き方を思い出して，時間的な順序に沿って文章を書く【一連の活動にする】。	○体育「ひょうげんあそび」第3章参照簡単な話を作って，話の場面毎に面白い動きを考えて踊る【動きに分ける】。	○算数「とけい（2）」針を動かして色々な時刻を考えながら，類似性を見付ける【記号にする】。		
工「どんどんならべて」達と協力しながら身の回りの物をどん並べて，形や色を楽しむ【協】。	音楽「いろいろなおとをたのしもう」身近な楽器の音色の特徴を感じ取り，友達の表現を認める【多様性】。			○算数「大きさくらべ（2）」色々な大きさの数を比べながら，多様な考えを見付ける【試行錯誤】。	○音楽「おとをあわせてたのしもう」互いの歌声や楽器の音を聴きながら，めあてに向かって歌ったり演奏したりする【挑戦】。
	○道徳「すこしだからいいの？」生活の中でのルールやマナーを知る。				
	○道徳「だめな ことは だめだよ」不適切な情報に出合わない環境で利用する。				
体育「ボールなげゲーム」トラブルがあった時には，ルールや約を確認して話し合う。		○体育「とびあそび」順番を守り，周囲の安全を確かめて運動する。		○生活「はるをさがそう」校庭など身近な場所で，木や草，生き物の様子を調べる時，決められた場所や時間などの約束を守る。	

2年生		4月	5月	6月	7月	9月
A	知・技		○国語「かたかなで書くことば」カタカナ入力を使って，単語を打つことを理解する。 ○生活「2年生になったよ」野原や校庭で春の自然とふれあいながら，デジタルスチルカメラで写真を撮影・記録する。 ○体育「いろいろなうごきづくり」色々な動きを静止画像で撮影する。	○国語「かんじのがくしゅう」デジタル教材を用いて，漢字の学習を振り返る。	○算数「かさ」プレゼンテーションソフトを見て，視覚的にかさの大小を理解する。	○国語「たからものをしょうかいしよう」自分たちの発表を動画に撮り，よりわかりやすい発表の仕方を理解する。 ○生活「町には はっけんが いっぱい」町の中を見たり，尋ねたりしながらデジタルスチルカメラで写真を撮影・する。
	思・判・表		○算数「長さ」書画カメラで長さの単位を確認する。 ○生活「花や やさいを そだてよう」野菜の育て方をインターネットで調べ，情報を活用しようとする。	○生活「生きて いるって すごい！」生き物のすみかを考え，大事に育て観察する。観察した様子を画像で保存し，簡単な編集を行う。	○生活「はっけん かんどう 夏休み」ホームページを閲覧して火事や地震の怖さを知る。	○音楽「ひょうしをかんじてリズムとう」曲のイメージをペイントソフトでスケッチし，情操力を高める。
	学び	○国語「こんなことがあったよ」生活の出来事を集め，分かりやすく伝える。	○生活「春の町で はっけん」町探検で得たことを出し合い，情報を整理して相手に分かりやすく伝える。	○国語「かんさつしたことを書こう」気付いたことを集め，知らせたいことが相手に伝わるように工夫して発表する。		
B	知・技	○図工「ひみつのたまご」第3章参照 不思議な卵から生まれてくるものを，「もし，〜だったら」の言葉を使って，楽しく想像して絵にかく【分岐】。	○国語「ことばで絵をつたえよう」絵の描き方について，聞き手に分かるように説明を順序立てる【順次】【反復】。	○国語「じゅんじょよく書こう」簡単な構成を考え，文章を書いて読み返したり，間違いに気付いて正したりする【順次】【反復】。 ○体育「リズムあそび」ペアやグループでまねっこ遊びを行い，紹介したいリズムを三つ見付ける【反復】。	○音楽「音のたかさのちがいをかんじとろう」音の高さに気を付けながら，階名で模唱や暗唱をしたり，鍵盤楽器で演奏したりする【分岐】。	○生活「町には はっけんが いっぱい」グループごとに町発見に出発する。会った尋ねたいことを考えたり，細かく分けて順序立てて考えたり，【順次】【分岐】。
	思・判・表	○体育「からだほぐしのうんどう」2人組からだんだん人数を増やしたり，時間を設定したりして，友達と声をかけ合いながら楽しく活動する【組み合わせる】。 ○図工「オリエンテーション」教科書美術館から面白い形や色を見付けて楽しむことで，詳しく鑑賞する大切さに気付く【動きに分ける】。	○音楽「はくのまとまりをかんじとろう」音楽に合わせて体を動かしながら歌ったり聴いたりして，拍のまとまりや拍子の違いを感じ取る【一連の活動にする】。	○道徳「やさしく できた」自分の考えや，話し合ったことを整理して説明する【論理的にか考えを進める】。	○算数「1000までの数」買えるか買えないか，に関する問題について，今まで学習した方法を用いて解決方法を考える【一連の活動にする】。	
	学び				○図工「おもいでを かたちに」うれしかったことや楽しかったことを，協働しながら粘土で表す【協働】。	
C	知・技	○道徳「わたしの 学校」みんなと楽しい学校生活を過ごすために，友だちや先生と情報機器の使用ルールを決めて使うことを理解する。	学級活動「生活のリズムを考えよう」ゲームやスマートフォンなどの利用の仕方によっては，健康を害することと，家族とルールを決めて使うことを理解する。			○生活「町には はっけんが いっぱい」情報を正しく安全に利用することめる。
	思・判・表	○国語「としょかんへ行こう」図書館はどんなところか，どのようにつかうのかを確かめつつ，使用している人のことを考えて話し合う。	○道徳「よい ことと わるい こと」約束や決まりを守る。			○道徳「あんぜんに くらす ため 危険な場所に近付かない。
	学び		○図工「たのしかったよ ドキドキしたよ」楽しかったことを絵に描いた友達の作品を大切に扱う。	○国語「じゅんじょよく書こう」心に残った出来事について，友達の作った文章を大切にする。		○道徳「すなおな 心で」安全や健康を害するような行動をする心をもつ。

10月	11月	12月	1月	2月	3月
数「かけ算」九の練習ソフトを活用して，計算の…を高める。語「絵を見てお話をつくろう」…から想像した物語を表す情景を静止…で撮影する。	○音楽「いろいろな音をたのしもう」太鼓などの音をソフトを活用して聞き，楽器の特性を知る。○体育「とびばこあそび」色々な動きを動画で撮影し，遅延再生などによりポイントを確認する。	○国語「むかし話をしょうかいしよう」色々な昔話を読み，おもしろいところを見付けて静止画像で撮影する。○生活「町の　人に　伝えたい」マウスを使って，町の人に伝えたいことや，自分の好きな様子を絵に描く。○体育「とびあそび」色々な動きを動画で撮影し，自分の動きを記録・確認する。			○国語「『ことばのアルバム』を作ろう」一年間書いてきた文章と今まで撮影した画像を組み合わせて時系列に並べる。
活「みんなの はっけんを あつめよ…書館のことを調べたり，インタ…ーしたりして公共施設のことについ…発表内容や方法を考える。	○国語「名人をしょうかいしよう」紹介する名人について，アイディアを出し合い，具体的に話し合う。		○算数「かけ算（2）」デジタルコンテンツを活用して，必要な情報を整理する。	○生活「自分のことを もっと知りたいな」文字パレットを使って文字を入力し，簡単なカードをつくる。	○生活「みらいに むかって はばたこう！」自分の成長の跡が分かる情報を集め，文章や絵を用いて表現する。
	○国語「どうぶつのひみつをみんなでさぐろう」ICT機器を使って，本や絵を友だちに紹介する。	○生活「町の　人に　伝えたい」地域の人と関わったことを振り返り，感じたことを表現する方法を考えて伝えあう。			
語「絵を見てお話をつくろう」…から場面の様子を想像し，一つ一つ…面がつながるように物語を書いた…Zu3Dを使って表したりする【順次】【分岐】。	★国語「どうぶつのひみつをみんなでさぐろう」Viscuitを用いて，動く動物をつくり，みんなで紹介し合う【反復】【分岐】。○音楽「ひょうしをかんじてリズムをうとう」リズム譜に視しみ，簡単なリズムを演奏したり，反復を生かしたリズムをつくったりする【反復】。	○算数「よみとる算数」必要な情報を選択・処理して，問題を解決する【分岐】。○音楽「ようすをおもいうかべよう」音楽作成ソフトを使って，自分なりの音楽をつくる【順次】【反復】。		○国語「お話を紙しばいにしよう」それぞれの場面の様子を想像し，紙芝居にまとめる【順次】。	
育「ボールなげゲーム」…り方やよけ方，投げ方のポイントを…評価した後，気を付けることや取り…めあてなどを振り返りカードに記入…【振り返る】。	○国語「あそびのやくそくを話し合おう」話題に沿って話し合い，グループの考えをまとめる【論理的に考えを進める】。	○生活「おもちゃを作ってみよう」動くおもちゃや，音の出るおもちゃを作り，楽しく遊ぶルールを考える【動きに分ける】。○国語「組み合わせたことばをつかおう」様々な複合動詞を，二つの動詞に分解したり，複合動詞を使って短文を作ったりして，それぞれの複合動詞の意味や使い方を考える【記号にする】。○国語「同じところ，ちがうところ」教科書の言葉をカードに書いて観点に沿って仲間わけをする【記号にする】。		○国語「お話を紙しばいにしよう」それぞれの場面の様子を想像し，紙芝居にまとめ，発表する【振り返る】。	○音楽「音をあわせて楽しもう」楽器の響き合いや庭律の特徴に気付き，いろいろな音が合わさる楽しさを感じ取りながら聴く【組み合わせる】。
		○道徳「しっかりと やりぬく心」何事も挑戦することの価値や良さを考える【挑戦】。		○音楽「音をあわせて楽しもう」互いの歌声や楽器の音を認め合いながら，気持ちを合わせて歌ったり演奏したりする【多様性】。	○図工「ともだち 見つけた！」身の回りをよく見て，隠れている友達を見付ける【試行錯誤】。
工「すてきなもの いっぱい」…料を集めて，話し合うためのルール…ナーを理解して鑑賞する。					○音楽「音をあわせて楽しもう」楽器の響き合いや庭律の特徴を鑑賞し合うにルールやマナーを理解する。
		○体育「とびあそび」周囲の安全を確認しながら，状況に応じて相手に的確な情報を発信する。			
活「みんなのはっけんをあつめよ…他の人が作成したものには，その人の…利があることを理解し，大切に扱う。	○道徳「ものや おかねを たいせつに」人の作ったものを大切にする心をもつ。				

97

3年生		4月	5月	6月	7月	9月
A	知・技	○国語「すいせんのラッパ」 すいせんやあり、かえるなどの様子を思い浮かべて音読するための動画を撮影する。 ○理科「植物を育てよう（1）」 発芽から葉、根の観察の際、デジタルカメラを使って撮影する。	○社会「わたしのまち みんなのまち」 ファイルをつくり、自分のデータを整理する。	○音楽「明るい歌声をひびかせよう」 自然で無理のない歌い方について動画で撮影し、友達と一緒に歌う楽しさを味わう。 ○学級活動「楽しいプール」 安全についてのDVDを視聴して、安心・安全について学ぶ。	○算数「時間と長さ」 デジタルコンテンツを用いて学習内容を確認する。	○国語「ローマ字」 キーボード操作を通して、アルファベットの配列を理解する。
	思・判・表	○国語「国語辞典の使い方」 辞典の使い方を理解し、必要な情報を収集し書き留める。		○国語「調べて書こう、わたしのレポート」 知りたいことに応じた調べ方を考えて調べ、分かったことを整理してレポートを書く。	○国語「本を使って調べよう」 図鑑や事典の使い方を理解し、必要な情報を収集し書き留める。	○社会「わたしたちのくらしと商□（店ではたらく人）」 現地で調べたことについて必要な情報を選択し、発表資料にまとめる。
	学び	○国語「自分をしょうかいしよう」 話の中心に気を付けて、相手の反応を見ながら聞こうとする。		○国語「ゆうすげ村の小さな旅館」 物語の通読を通して、物語のしかけを分かりやすく伝えるツールを用いて表現しようとする。	○社会「市の様子」 インターネットや印刷物等のメディアを閲覧して集めた情報をまとめ、他者に伝える。	○国語「心にのこったことを」 インタビューから得られた情報を整理し、分かりやすく発表する。
B	知・技	★総合「Scratchでプログラミングを学ぼう」 Sertachの基本的な操作を理解し、簡単なゲームをつくる【順次】【反復】【分岐】。	○国語「漢字の組み立てと意味を考えよう」 漢字の構成を細かく分けて、書き方の順番を理解する【順次】【反復】。 ○図工「いつもの場しょで」 集めた材料で、見慣れた校内の場所に働きかけて、タイプレットを用いて変化させる前後を撮影し、変化の様子を楽しむ【分岐】。	○理科「植物をそだてよう（2）葉・くき・根」 植物の生長の変化を調べ、ノートに整理する【順次】【分岐】。	★社会「わたしのたちのまちみんなのまち」 自分たちが住む町を整理し、Scratchで地図にまとめる【順次】【分岐】。 ○音楽「拍のながれにのってリズムをかんじとろう」 反復や変化などの音楽の仕組みを生かして、まとまりのあるリズムをつくる【分岐】。B-①	○国語「ローマ字」 ローマ字で書かれた簡単な単語に読み、A、B、Cの順に単語を書く次】。
	思・判・表		○国語「漢字の組み立てと意味を考えよう」 漢字の構成を細かく分け、部首と他の部分とによって構成されていることを理解し、例文を書く。【動きに分ける】【記号にする】。 ○体育「マットうんどう」 できる回り方で、連続回りや、簡単な組み合わせをする【組み合わせる】。	○国語「話したいな、うれしかったこと」 観点に沿って言葉を分類し、整理したことを書く【記号にする】【論理的に考えを進める】。 ○体育「走・跳の運動」 助走する方向や助走のスタート位置について比較・検討する【動きに分ける】。	○図工「カラフルフレンド」 いろいろな色紙を入れた透明な袋を組み合わせて、自分の新たな「友達」をつくる【一連の活動にする】。	○国語「ローマ字」 ローマ字のきまりを表やフローチャートなどでまとめたことを書く【動きに分ける】。 ○社会「わたしたちのくらしと商□（店ではたらく人）」 地域の見学を通して、類似点や相違点を見付けて、調べたことをまとめる【記号にする】【論理的に考えを進める】。
	学び					○国語「『ほけんだより』を読み比べよう」 教科書の二つの文章を読み比べ、どちらを「ほけんだより」に選ぶか考え、伝え合う【多様性】。
C	知・技		○道徳「自分のよさ」 個人の権利（プライバシーや人格権、肖像権など）を尊重する。		○学級活動「夏休みに向けて」 知らない人に自分や他人の個人情報を教えてはいけないことを理解する。	
	思・判・表	○社会「わたしのまち みんなのまち」 危険に出合ったときは、大人に意見を求め、適切に対応する。	○道徳「わかっていても、つい・・・・」 不適切な情報に出合ったときは、大人に意見を求め、適切に対応する。	○国語「インタビューをしてメモを取ろう」 文字だけで伝えることの難しさを踏まえつつ、相手に正しく伝える方法を話し合う。		
	学び		○総合「メールの送受信をしてみよう」 相手の立場に立った文章や言葉を使うようにしている。	○国語「調べて書こう、わたしのレポート」 相手への影響を考えて行動する。	○体育「保健」 生活の仕方や身の回りの生活環境を振り返り、自分の情報や友達の情報を大切にする。	○道徳「よく考えて」 雰囲気に流されることなく、簡□る生活をしようとしている。

10月	11月	12月	1月	2月	3月
合「デジタルカメラを使ってみよ…」ジタルカメラを使って、テーマに…た簡単な作品を制作する。	○音楽「せんりつのとくちょうをかんじとろう」映像の閲覧を通して、楽曲の特徴や演奏の良さを見付ける。	○国語「あらすじをまとめる」友達に紹介したい本を選び、ローマ字入力による簡単なメッセージカードを作成する。	○国語「わらい話を楽しもう」昔から伝わる笑い話を映像で視聴し、おもしろかったところが伝わるように音読する。	○体育「ハードル走」映像視聴を通して、リズムを意識することで、ハードルのインターバルの大切さに気付く。	○算数「そろばん」書画カメラを用いて、そろばんの使い方を確認したり、考え方を共有したりする。
語「はたらく犬について調べよ…」切な言葉や文を見付けながら文章…み、書かれていることを要約文に…			○国語「町について調べてしょうかいしよう」資料から読み取れる情報を探し、スピーチメモを書く。	○社会「のこしたいもの、つたえたいもの」市内にある建造物・祭事・芸能について調べ、まとめる。	
語「案内の手紙を書こう」内をするときに必要なことを考…意見を伝え合う。	○国語「慣用句を使おう」慣用句の意味や使い方を調べ、タブレットで最適な写真を選ぶ。分かりやすく報告書にまとめ、発表し合う。	○総合「防災グッズを調べよう」必要に応じた情報収集により、分かりやすく伝えるレポートづくりを行い、家族に紹介する。B-①	○社会「かわってきた人々のくらし（古い道具と昔のくらし）」問題解決に必要な情報を収集・精選し、簡単なレポートとしてまとめ、お互いに伝え合う。		
科「太陽のうごきと地面のようす…らべよう」一定の時間毎に影をタブレットで撮…てテレビに映す。できた影が…のように変化したかを太陽の動き…連させて考える【反復】【分…合「プログラミングについてのお…を考えよう」ボット型プログラミング学習によ…必要な手順を学ぶ【順次】【反…【分岐】。	○算数「1けたをかけるかけ算の筆算」かけ算の種類毎に、異なる手順があること考えて整理する【反復】【分岐】。	○体育「とび箱運動」跳び箱を飛ぶポイントを整理し、必要な技を組み合わせたりする【順次】。○理科「ものの重さをしらべよう」身近な生活でコンピュータが使われていることを学ぶ【反復】。	○理科「豆電球にあかりをつけよう」点灯させる手順を考え、ノートに整理する【順次】。	○国語「考えとその理由を書く」絵文字を考え、その理由を順序立てて書いたり、自分で考えた絵文字を説明する文章を書いたりする【順次】【反復】。	○算数「よみとる算数」必要な情報を選択・処理して、問題を解決する【分岐】。
理科「植物をそだてよう（4）花が…たあと」植物の生長の変化を振り返り、観察…ことを基に図表等に整理する【論…に考えを進める】。	○図工「トントンドンドンくぎうち名人」木にくぎを打ったり、削ったりして楽しいものをつくる【組み合わせ】。	○音楽「いろいろな音のひびきをかんじとろう」楽器の音の特徴や音色の違いを感じ取りながら、互いの楽器の音を聴いて音を組み合わせて演奏したり、楽曲の構造に気を付けて聴いたりする【組み合わせる】。B-①	○国語「世界の家のつくりについて考えよう」文章の構成を意識して、パワーポイントを用いて分かりやすく説明する【振り返る】。	○国語「いろいろなったえ方を知ろう」手話や点字など、文字や音声とは異なる伝達手段と機能の種類や意味を調べ、分かりやすく報告書にまとめ、発表し合う【一連の活動にする】。○算数「2けたをかけるかけ算の筆算」筆算をフローチャートで表し、アルゴリズムを理解する【記号にする】【一連の活動にする】。	○国語『わたしのベストブック』をつくろう」文集作りのために、1年間の学習を振り返り、文章のよく書けている点を文章に書く【振り返る】。
語「案内の手紙を書こう」cratchを用いて、構成を意識した説…を考える【挑戦】。物の生長や…を振り返り、観察…考えを進める【挑戦】。	○理科「太陽の光をしらべよう」鏡の光を反射させる協働的な活動を通して、光の性質の理解を深める【協働】。			○社会「かわってきた人々のくらし」過去から現在に至る暮らしの調べ活動の中で、試行錯誤する態度を身に付ける【試行錯誤】。	
語「案内の手紙を書こう」情報の発信や情報をやりとりする場…ルール・マナーを知り、守る。			○音楽「日本の音楽に親しもう」日本の音楽の雰囲気や特徴を感じ取りながら、真似とオリジナルとの違いを知る。		
		○学級活動「冬休みに向けて」個人情報は大切であることや、認証に対する理解を通して、責任を持って管理しようとする。			
総合「インターネットを活用して情報を集めよう」インターネット上での適切な行動…解したり、適切に判断したりする。	○図工「大好きな物語」個人の権利（情報の知的所有権や著作権など）を守ることを理解する。		○総合「発表会に向けて」公共的な意識を持ち、協力し合ってネットワークを使おうとしている。	○総合「ローマ字入力を生かした作品づくり」相手を思いやるメッセージを作成する。	

4年生		4月	5月	6月	7月	9月
A	知・技	○総合「ウェブサイトの検索」ウェブサイトの検索方法を理解することができる。○算数「角とその大きさ」デジタルコンテンツを用いて図形の作成や移動を行う。○体育「体つくり運動」ビデオカメラを用いて動きを撮影し、複数の動きを比較する。	○国語「新聞をつくろう」写真や図を選ぶときの注意について理解する。○社会「事件事故からくらしを守る」インターネットを利用して必要な情報を集める。	○国語「ローマ字」ローマ字についての読み書きの確認と、コンピューターで入力を行ったり、メールを送ったりする。○図工「つなぐんぐん」木の板や枝でいろいろなつなぎ方を工夫しながら写真による記録を残す。	○総合「デジタルカメラを使って」デジタルカメラを使って画像を文章に張り付けて作品をつくれることを理解することができる。○理科「星や月（1）星の明るさや色」マウスを用いて、星座早見（盤）を閲覧したり、自分のフォルダにファイルを整理したりする。	○算数「2けたでわるわり算の筆算」2けたでわるわり算の基本機能（リンク・に入りなど）を用いて筆算の練習を開く。
	思・判・表	○社会「火事からくらしを守る」消防署について調べる方法を選択することができる。○総合「エコチャレンジ」インタビューやアンケートなど、必要な情報を収集する。	○学級活動「本のしゅるい」NDC100区分による配列を知って、図書室を利用することができる。○社会「事故や事件からくらしを守る」警察署について調べる方法を選択することができる。	○学級活動「自転車の乗り方」メディアによる情報の伝え方の違いに気付く。	○国語「本は友達」自分が選んだ本を友達に紹介する文を書く。	○国語「だれもがかかわり合えるに」かかわり合うための工夫について情報を収集し、伝わるように話す。
	学び		○算数「わくわく算数学習」自分の考えを伝えるときいろいろな言葉を使って説明するとき分かりやすく伝えることを理解することができる。○総合「エコな生活を考え、実行しよう」適切なツールを用いて、相手や状況に応じて情報を分かりやすく発信する。B-④	○国語「新聞をつくろう」記事になる情報を集め、選択することができ、読み手に分かりやすい新聞づくりとは何かを考える。		
B	知・技	○音楽「拍の流れにのってリズムを感じ取ろう」拍子やリズムの特徴を繰り返し感じ取る【反復】。	○理科「電池のはたらき」身近な生活の中で、コンピュータが活用されていることへ気付く【順次】【反復】【分岐】。	★算数「垂直・平行と四角形」Scratchを用いて、それぞれの性質・特徴を理解する【反復】【分岐】。	○学級活動「そうじの仕方を考えよう」教室の掃除を例に挙げ、掃除の手順や効率的な仕方を考える【順次】【反復】。	○学級活動「そうじの仕方を考える」効率的かつ、効果的なそうじの考え方を考える【順次】【分岐】。
	思・判・表	★音楽「拍の流れにのってリズムを感じ取ろう」Scratchを用いて、リズムの組合せを工夫したり、反復や変化などの音楽の仕組みを生かしたりする【記号にする】。	○算数「わくわく算数」問題を図や式に表し、説明することができる【論理的に考えを進める】。○国語「案内係になろう」相手の質問の目的を考え、必要な事柄を選んで、丁寧に話す【組み合わせる】。	○国語「みんなで新聞を作ろう」話の構成を意識して、自分の考えを話す【動きに分ける】。○社会「水はどこから」自分たちの住む町の生活水は、どのような仕組みで運ばれるかを調べる【一連の活動にする】。	○学級活動「本のしくみ」目次や索引の機能を理解する【動きに分ける】。	○音楽「せんりつのとくちょうを取ろう」旋律の特徴や曲想を感じ取る音楽を聴き、感じ取ったことを言葉などして、楽曲の特徴や演奏さをまとめる【振り返る】。
	学び	★社会「災害からくらしを守る」第3章参照 災害から町を守る仕組みを知り、Scratchを用いて、様々な考えを踏まえて防災マップを作る【多様性】。○学級活動「4年生になって」1年間の目標を立てる【挑戦】。	○国語「走れ」中心となる人物の気持ちの変化とその理由について考え、感想を伝え合う【多様性】。	○国語「メモの取り方をくふうして聞こう」話の組み立てを考えながら聞き、メモを基に足りない情報について質問しようとする【試行錯誤】。	○国語「1学期を振り返ろう」1学期の振り返りと、夏休みの目標を立てる【試行錯誤】。	○国語「わたしの考えたこと」自分の考えとその理由を明確に文章の組み立てを考える【試行錯誤】。
C	知・技		○総合「メールのマナーって?」電子メールのマナーやルールを理解する。	○学級活動「インターネットの利用」コンピュータの扱いに慣れると共に、インターネットの適切な利用方法を知る。		○学級活動「コンピュータと携帯話」コンピュータと携帯電話を適切に活用する意味やルール、マナーに気く。
	思・判・表				○学級活動「夏休みに向けて」個人情報は大切であることと、認証の重要性を理解し、正しい利用方法を考え、話し合う。	
	学び	○道徳「節度のある生活」自ら発信する情報は、節度のある生活と関連していることに気付き、心掛ける。		○総合「メールのマナーって?」相手の立場に立ち、電子メールを適切に利用しようとする。	○総合「エコチャレンジ」エコや健康の視点から、テレビの視聴時間や電子機器等の利用時間を決めて、実行する。	

	10月	11月	12月	1月	2月	3月
	楽「せんりつのとくちょうを感じ[よ]う」 像視聴を通して，旋律の特徴，旋[律の]反復や重なりによる曲想とその変[化を]感じ取る。	○理科「ものの温度と体積」 金属棒や金属板を用意し，動画によって温度の変化を確認する。	○国語「同じ読み方の漢字に気をつけよう」 電子掲示板等を利用して，それぞれの漢字には意味があることを理解する。 ○理科「星や月（2） 月の動き」 月の観察には，インターネット情報の「こよみのページ」(http://koyomi.vis.ne.jp/)を利用する。	○体育「とび箱運動」 動画撮影を通じて，お互いに見合ったり，できばえを確かめる。	○総合「困ったウェブにたどり着いたら」 信用できないようなウェブにたどり着いた時の対処法について理解することができる。	○図工「ゆめのまちへようこそ」 段ボールで大きな楽しい夢の街をみんなでつくり，ペープサートで街を散歩する動画を制作する。
	会「ゴミのしょりと利用」 市のゴミ処理について調べ，自[分が]できるゴミ減量について発表内容[をま]とめる。	○体育「育ちゆく体とわたし」 集めた情報を整理したり，シールを使ってグラフをつくったりして，成長を体感する。		○国語「野原にあつまれ」 自分の「のはらうた」をつくり，工夫した点などを話すことができる。 ○総合「ネット上の情報」 インターネットには間違った情報も存在することを理解することができる。 ○学級活動「風邪の予防」 集めた情報の共通点や相違点を話し合い，情報を整理する。	○国語「わたしの研究レポート」 情報を収集，選択し，報告文を書くことができる。	○社会「都道府県のガイドマップをつくろう」 自分たちの住む都道府県の産業について調べ，わかりやすくマップに表現することができる。
	工「幸せを運ぶカード」 [飛]び出す仕組みを使って，楽しい[カー]ドをつくり，友だちへ伝える。	○社会「クルマのまちをきずく」 調べたことを紙芝居やポスターなど，伝える相手を意識したツールを使って分かりやすく発表する。				
	工「大好きな物語」 [物]語の好きな場面を想像し，物語の[場面を]描いたり，タブレットの発表ノー[トに]ペンで描いたりする【反復】【分[岐】]。 [社]会「わたしたちの県」 [資]料を順番に配列したり，リストに[整理]したりする【順次】。	○総合「みんなが楽しめるゲームを作ろう」 Scratchを用いて，楽しいと思うゲームを複数制作する【順次】【分岐】。	○算数「調べ方と整理のしかた」 複数の情報やデータを整理する【順次】【反復】。 ★社会「わたしたちの都道府県」 地図帳を活用して各都道府県の特徴を探し，三つ以上のブロックをプログラム上で組み合わせたり，白い地図に書き込んだりする【順次】【反復】【分岐】。B-②	○体育「リズムダンス」 いろいろなリズムにのって，グループで動きを組み合わせておどる【順次】【反復】。	○算数「変わり方」 筋道を立てて問題解決を考えることができる【分岐】。	○算数「だれでしょう」 条件を整理し，論理的な推論をすることにより正しい結論を導き出すことができる【分岐】。
		○道徳「国やきょうどを愛する」 家族や地域の伝統や文化，特色を整理する【振り返る】。	★総合「みんなが楽しめるゲームを作ろう」 Scratchを用いて，友だちが楽しめるゲームを計画・制作する【一連の活動をする】。A-①	○理科「星と月（3）星の動き」 実際の星空の様子を観察し，観察結果を整理する【論理的に考えを進める】。 ★理科「季節と生き物（冬）」 Scratchを用いて，生き物クイズを制作する【組み合わせる】。	○社会「県とわたしたちの町の発展」 身近な生活を良くするための改善点を出し合い，整理する【記号にする】。	
	育「鉄棒運動」 [で]きそうな技を工夫したり，友達に[手伝]ってもらったりして練習し，でき[るよ]うにする【協働】。	○国語「クラスで話し合おう」 司会者，提案者，参加者という役割を意識しながら，課題に沿って話し合いに参加する【協働】。	○学級活動「1年をふりかえろう」 1年間の情報を整理して，来年頑張るめあてを決める【挑戦】。	○国語「わたしたちの生活とロボットについて考えよう」 「ゆめのロボット」について考える学習課題を確かめ，協働して学習を進める【協働】。	○音楽「曲の気分を感じ取ろう」 思いや意図をもって演奏したり，曲想とその変化を感じ取って想像豊かに聴いたりする【挑戦】。	○学級活動「もうすぐ5年生」 1年間を振り返り，おたがいの良さや課題を共有し，来年度へ向けての目標を立てる【多様性】。
		○道徳「わたしたちの学級や学校」 情報には正しい情報と誤った情報があることに気付く。		○総合「ネチケットって？」 ネットサーフィンをする際のマナーについて理解する。		
	合「メッセージの送受信にチャレ[ン]ジしよう」 Scratchの「メッセージを送る」[「]メッセージを受け取る」のブロック[を用]いて，「はい」か「いいえ」で答[える]会話プログラムづくりを通して，[マナ]ーやエチケットを考える。				○総合「ネット上の情報」 ネット上の情報の信憑性を判断し，正しく判断しようとする。	○社会「自分たちの住む町のガイドマップをつくろう」 危険や不適切な情報に出合った時に助けを求める場所を複数取り上げ，敏速な対応方法を考える。
	図工「大好きな物語」 [物]語の絵を描き，自他の情報を大切[にし]ようとする。	○国語「お願いやお礼の手紙を書こう」 必要な事柄を落とさずに，目的に合わせて依頼状や礼状，メールなどの内容を考える。		○総合「ネチケットって？」 きまりやマナーを守ってネットを利用しようとする。		○総合「困ったウェブにたどり着いたら」 信用できないウェブサイトについて利用しようないようにする。

5年生		4月	5月	6月	7月	9月
A	知・技	○理科「天気の変化」 事前に1週間分録画した天気予報を視聴した後、そのデータをコンピュータでグラフに表す。			○家庭「ひと針に心をこめて」 なみ縫い、返し縫い、かがり縫いについての映像を拡大提示する。	
A	思・判・表	○図工「オリエンテーション一見つめて 広げて一」 インターネットを用いて、日本に伝わる色や風景の中にある形のリズムを探したり、感じたりする。		○国語「きいてきてみよう」 インタビューした資料を整理し、文章表現することができる。		○国語「日常を十七音で」 調べた資料を活用して俳句作りをすることができる。
A	学び				○図工「心の形一れん土をねってー」 粘土のかたまりを見たり、触れたりすることで、材料から感じたことや自分が思ったことを立体に表し、要点を絞って紹介する。	
B	知・技	★社会「世界の中の国土」 選択投票型クイズのプログラムづくりを目指し、複数のスプライトを使用したり、スプライトへの動きを考えたりする【反復】【分岐】。 ○道徳「あいさつの心」 ペアで協力してタブレットのカメラ機能「動画」を用いて挨拶を撮影し合う。撮影した動画をスクリーンに映し、挨拶について話し合う【反復】【分岐】。	★総合「プログラミングって何だろう?」 プログラミングの基礎を理解するとともに、Scratchの基本操作を理解し、簡単な作品をつくる【順次】【反復】【分岐】。	○学級活動「命を守るためにできること」 地震や水害などの被害が起きた場合を想定し、その対策を考える【順次】【分岐】。	◆総合「自分たちのまちの魅力を伝えよう」 micro:bitを用いて、案内表示の試作品を考える【順次】【反復】【分岐】。A-①	○家庭「毎日の食生活に生かそう」 家族構成や好み等を考慮しながらレシピを考える【順次】【分岐】。
B	思・判・表	○算数「体積」 友だちの意見や考え方を情報交換し、帰納・類推・演繹などの推論を行って伝え合う【動きに分ける】【記号にする】。	○体育「日本のおどり」 踊りの様子をお互いに撮影する。お互いの動画を見て、友だちの踊りの良いところをプリントに書く。再度動画を撮影し、自分の良いところを振り返る【振り返る】。	○国語「書き手の意図を考えながら新聞を読もう」 新聞の中から興味のある記事を切り抜き、それらの記事が起きた理由を考える【論理的に考えを進める】。 ○算数「合同な図形」 自分が意図する一連の活動について、その活動を小さな動きに分解し、必要な手順に整理する【組み合わせる】。	★国語「立場を決めて討論をしよう」 Scratchを用いて、活動報告の構成を意識して考える【動きに分ける】。制作途中で、お互いの出来栄えを評価・修正し話し合う【振り返る】。	○音楽「和音の美しさを味わおう」 I、IV、Vなどの和音の違いを取って演奏したり、和音の響きを感じ取って演奏したりする【一活動にする】。
B	学び		○学級活動「運動会のめあて」 素晴らしい運動会の在り方を考え、個々のめあてを考える【多様性】。	○音楽「いろいろな音のひびきを味わおう」 楽器の音色や音が組み合わさる響き、音楽の仕組みを生かして、音楽をつくったり演奏したりする【試行錯誤】。		○総合「偉人」 すごろくを題材に偉人のエピソードを分かりやすくまとめようとする様性。
C	知・技		○体育「心の健康」 不安や悩みを軽くする方法を知ると共に、自他の個人情報を第3者に漏らさないことに気付く。	○道徳「たいせつなきまり」 スマートフォン利用の危険性を理解する。	○道徳「自信と責任」 何がルール・マナーに反する行為かを知る。	
C	思・判・表				○学級活動「夏休みに向けて」 スマートフォンやipadなど、ネットワークに接続された電子機器の正しい利用方法を考える。	○道徳「ふだんがたいせつ」 予測される危険の内容が分かり避け方への考えを深める。
C	学び	○家庭「わが家にズームイン!」 家族とのかかわりを見つめつつ、自他の権利とプライバシーの侵害についての意識を持つ。	○道徳「限りある命」 人の安全を脅かす行為をしない気持ちを持ち、制御する態度や心構えを持つ。			

10月	11月	12月	1月	2月	3月
楽「詩と音楽を味わおう」ジタルコンテンツを用いて、言葉じと旋律とが一体となって生み出本の歌曲の美しさを味わいながら	○国語「和の文化について調べよう」グラフや表を作成し、わかりやすく資料を作成する。				○国語「わたしの文書見本帳をつくろう」自分の成長を振り返りながら「文章見本帳」を作る活動と共に、適切な外部機関のHPを参考にしながら表紙を作る。
語「明日をつくるわたしたち」分のテーマに沿った資料集めを考えを話すことができる。 会「これからの食料生産とわたし」料を活用して、テレビ番組案にまことができる。	○国語「百年後のふるさとを守る」自分の生き方についてまとめたことな文章に書くことができる。 ○家庭「めざそう買い物名人」買い物をする際に必要な情報を多面的多角的に吟味しようとする。	○社会「これからの工業生産とわたしたち」資料を活用して日本の工業生産の問題点を見つけることができる。	○総合「防災マップをつくろう」ICT機器を利用して、マップづくりに必要な情報を集め、話し合いに必要な根拠となる資料を見出す。	○社会「環境を守るわたしたち」環境をもっと良くする工夫を調べることができる。	○国語「一枚の写真から」資料を選定し、想像力を働かせて物語文を書くことができる。
庭「物を生かして快適に生活しよ」の整理整とんやそうじの計画を立、実践の様子をまとめ、発表す	○総合「学校周辺の歴史・文化を発見しよう」意見交換の際、聞き手の意図を踏まえて、効果的な発表資料を準備し、適切に応答する。B-④	○学級活動「明るい気持ちになる言葉」明るい気持ちになる言葉を複数取り上げ、グループ毎に考えをまとめて、その結果を分かりやすく伝える。			○社会「自然災害を防ぐ」情報を発信するときに、相手や状況を意識して適切な言葉や文章で伝える。
数「面積」行四辺形の面積の求め方をグルー話し合い、その結果を【発表ノーに書き込み、みんなの前で発表す動きに分ける】【記号にする】。工「何をかいているのかな？」術作品の人物の様子を想像し、気たことを話し合ったり文章に表しする【順次】。	★総合「プログラミングって何だろう」Scratchを使って、友達を楽しませる作品をつくる【順次】【反復】【分岐】。A-④	○社会「情報産業とわたしたちのくらし」テーマに沿って情報を整理し、現在から未来のくらしを想像したりする【反復】【分岐】。	○算数「円と正多角形」図形の描き方を友達に分かりやすく伝える【順次】【反復】。	★算数「円と正多角形」第3章参照 プログラミングを通した正多角形のかき方を基に、発展的に考察したり、図形の性質を見いだしたりする【順次】【反復】【分岐】。A-① ○音楽「心をこめて表現しよう」歌詞の内容や曲想にふさわしい表現を工夫して、思いや意図をもって響きのある声や音で演奏する【反復】【分岐】。	○算数「よみとる算数」必要な情報を選択して問題を解決する【順次】【反復】。
会「わたしたちの生活と工業生納・類推・演繹などの推論を用い情報を整理する【動きに分ける】号にする】。	○国語「熟語の構成を知ろう」穴埋めの熟語のしりとりをテーマとし、タブレットを用いてグループで話し合う【組み合わせる】。 ◆総合「情報技術を生かした生産や人の手によるものづくり」第3章参照 集めた情報を整理しながら、自動車(mbot)などのように動いていくいかを考えた上で、そのために必要なプログラムの命令を整理し、動かしたい自動車をプログラミングする。A-⑤	○学級活動「お楽しみ会をしよう」お楽しみ会の一つとして、パラパラ漫画用の紙を用いて漫画を制作する。制作した紙はタブレットの「インターバル動画」機能で撮影する。撮影した漫画をスクリーンに投影して紹介する【組み合わせる】。 ◆総合「○○校区の信号機をつくろう！」身の回りの信号機がプログラムで制御されていることを基に、目的や状況に応じたプログラムを考える。A-③	★算数「円と正多角形」第3章参照 Scratchを用いて、正多角形の特性や描き方を理解する【記号にする】。A-① ○社会「情報化した社会とわたしたちの生活」タブレットのスクリーンに示された資料置き場機能から取り出した数個の図を30秒間覚える。覚えた資料置き場から見付け、スクリーンに画像を配置する【論理的に考えを進める】。	○理科「もののとけ方」食塩やコーヒーシュガー、ホウ酸などを準備し、それぞれの溶け方を観察する。観察したことと資料とを照らし合わせて整理する【論理的に考えを進める】【振り返る】。 ○学級活動「6年生を送る会に向けて」考案した複数のアイデアを再度検討し、精選する【一連の活動にする】。	★図工「コマコマアニメーション」Scratchを用いて、多角形等を活用して自分の気持ちを表すアニメーションをつくる【一連の活動にする】。
育「ソフトバレーボール」ームごとに作戦を整理し、検討す【協働】。	○学級活動「係活動を見直そう」係毎に活動を見直したり、新しい係を考案したりする【協働】。	○家庭「ミシンにトライ！」ミシンの安全な使い方を確認し、直線縫いの練習をする【挑戦】。	○社会「社会を変える情報」自分たちの未来を変える夢の工業製品を考える【挑戦】。	○体育「サッカー」作戦やルールの工夫に生かす記録取りや話し合いの時間を取りながらゲームを進める【試行錯誤】。	
	○社会「情報産業とわたしたちのくらし」情報社会における情報の活用方法を理解する。	○国語「わたしたちとメディアとの関わりについて考えよう」自分と身の回りのメディアとの関わりを考えながら、情報の正確さを判断する方法を知る。	○社会「情報を生かすわたしたち」情報社会における情報活用のルールやマナーについて理解する。	○道徳「おたがいのけんり」契約行為の意味を知る。	
	○家庭「身の回りの物や生活の場を見つめよう」不適切な情報に出合った時、適切に対応するためのセキュリティに対する意識の大切さを考える。	○総合「チャットや掲示板の危険性」チャット・掲示板の危険性（ウィルスやネット詐欺など）を考え、適切な方法を考える。A-③		○道徳「よりよい友達関係」不用意なメール送信で相手を傷つけることを理解し、適切な利用方法を考える。	
	○総合「チャットや掲示板の危険性」チャットや掲示板を正しく利用する心と態度を身に付ける。	○学級活動「身の回りの安全な生活」ネットワークは共用のものであることを確認し、扱う情報を専重する意識を持つ。	○社会「情報を生かすわたしたち」情報活用のルールやマナーを守ろうと心掛ける。		

2年生		4月	5月	6月	7月	9月
A	知・技		○国語「かたかなで書くことば」カタカナ入力を使って、単語を打つことを理解する。○生活「2年生になったよ」野原や校庭で春の自然とふれあいながら、デジタルスチルカメラで写真を撮影・記録する。○体育「いろいろなうごきづくり」色々な動きを静止画像で撮影する。	○国語「かんじのがくしゅう」デジタル教材を用いて、漢字の学習を振り返る。	○算数「かさ」プレゼンテーションソフトを見て、視覚的にかさの大小を理解する。	○国語「たからものをしょうかいしよう」自分たちの発表を動画に撮り、よりわかりやすい発表の仕方を理解する。○生活「町には はっけんが いっぱい」町の中を見たり、尋ねたりしながらデジタルスチルカメラで写真を撮影・する。
	思・判・表		○算数「長さ」書画カメラで長さの単位を確認する。○生活「花や やさいを そだてよう」野菜の育て方をインターネットで調べ、情報を活用しようとする。	○生活「生きて いるって すごい!」生き物のすみかを考えて、大事に育て観察する。観察した様子を画像で保存し、簡単な編集を行う。	○生活「はっけん かんどう 夏休み」ホームページを閲覧して火事や地震の怖さを知る。	○音楽「ひょうしをかんじてリズムとう」曲のイメージをペイントソフトでスケッチして、情操力を高める。
	学び	○国語「こんなことがあったよ」生活の出来事を集め、分かりやすく伝える。	○生活「春の町で はっけん」町探検で得たことを出し合い、情報を整理して相手に分かりやすく伝える。	○国語「かんさつしたことを書こう」気付いたことを集め、知らせたいことが相手に伝わるように工夫して発表する。		
B	知・技	○図工「ひみつのたまご」第3章参照 不思議な卵から生まれてくるものを、「もし、〜だったら」の言葉を使って、楽しく想像して絵にかく【分岐】。	○国語「ことばで絵をつたえよう」絵の描き方について、聞き手に分かるように説明を順序だてる【順次】【反復】。	○国語「じゅんじょよく書こう」簡単な構成を考え、文章を書いて読み返したり、間違いに気付いて正したりする【順次】【反復】。○体育「リズムあそび」ペアやグループでまねっこ遊びを行い、紹介したいリズムを三つ見付ける【反復】。	○音楽「音のたかさのちがいをかんじとろう」音の高さに気を付けながら、階名で模唱や暗唱をしたり、鍵盤楽器で演奏したりする【分岐】。	○生活「町には はっけんが いっぱい」グループごとに町発見に出発する手順を考えたり、会ったら尋ねたいことを考えたりする【順次】【分岐】。
	思・判・表	○体育「からだほぐしのうんどう」2人組からだんだん人数を増やしたり、時間を設定したりして、友達と声をかけ合いながら楽しく活動する【組み合わせる】。○図工「オリエンテーション」教科書美術館から面白い形や色を見付けて楽しむことで、詳しく鑑賞する大切さに気付く【動きに分ける】。	○音楽「はくのまとまりをかんじとろう」音楽に合わせて体を動かしながら歌ったり聴いたりして、拍のまとまりや拍子の違いを感じ取る【一連の活動にする】。	○道徳「やさしく できた」自分の考えや、話し合ったことを整理して説明する【論理的にか考えを進める】。	○算数「1000までの数」買える買えないか、に関する問題について、今まで学習した方法を用いて解決方法を考える【一連の活動にする】。	
	学び				○図工「おもいでを かたちに」うれしかったことや楽しかったことを、協働しながら粘土で表す【協働】。	
C	知・技	○道徳「わたしの 学校」みんなと楽しい学校生活を過ごすために、友だちや先生と情報機器の使用ルールを決めて使うことを理解する。	○学級活動「生活のリズムを考えよう」ゲームやスマートフォンなどの利用の仕方によっては、健康を害することや、家族とルールを決めて使うことを理解する。			○生活「町には はっけんが いっぱい」情報を正しく安全に利用することめる。
	思・判・表	○国語「としょかんへ行こう」図書館はどんなところか、どのようにつかうのかを確かめつつ、使用している人のことを考えて話し合う。	○道徳「よい ことと わるい こと」約束や決まりを守る。			○道徳「あんぜんに くらす ため危険な場所に近付かない。
	学び		○図工「たのしかったよ ドキドキしたよ」楽しかったことを絵に描いた友達の作品を大切に扱う。	○国語「じゅんじょよく書こう」心に残った出来事について、友達の作った文章を大切にする。		○道徳「すなおな 心で」安全や健康を害するような行動をする心をもつ。

10月	11月	12月	1月	2月	3月
数「かけ算」/九の練習ソフトを活用して、計算の/を高める。/語「絵を見てお話をつくろう」/から想像した物語を表す情景を静止/で撮影する。	○音楽「いろいろな音をたのしもう」/太鼓などの音をソフトを活用して聞/き、楽器の特性を知る。/○体育「とびばこあそび」/色々な動きを動画で撮影し、遅延再生/などによりポイントを確認する。	○国語「むかし話をしょうかいしよう」/色々な昔話を読み、おもしろいところ/を見付けて静止画像で撮影する。/○生活「町の 人に 伝えたい」/マウスを使って、町の人に伝えたいこ/とや、自分の好きな様子を絵に描く。/○体育「とびあそび」/色々な動きを動画で撮影し、自分の動/きを記録・確認する。			○国語「『ことばのアルバム』を作ろう」/一年間書いてきた文章と今まで撮影し/た画像を組み合わせて時系列に並べる。
活「みんなの はっけんを あつめよ/書館のことを調べたり、インタ/ーしたりして公共施設のことについ/発表内容や方法を考える。	○国語「名人をしょうかいしよう」/紹介する名人について、アイディアを/出し合い、具体的に話し合う。		○算数「かけ算（2）」/デジタルコンテンツを活用して、必要/な情報を整理する。	○生活「自分のことを もっと知りたい/な」/文字パレットを使って文字を入力し、/簡単なカードをつくる。	○生活「みらいに むかって はばたこ/う！」/自分の成長の跡が分かる情報を集め、/文章や絵を用いて表現する。
	○国語「どうぶつのひみつをみんなでさ/ぐろう」/ICT機器を使って、本や絵を友だちに/紹介する。	○生活「町の 人に 伝えたい」/地域の人と関わったことを振り返り、/感じたことを表現する方法を考えて伝え/あう。			
語「絵を見てお話をつくろう」/から場面の様子を想像し、一つ一つ/面がつながるように物語を書いた/Zu3Dを使って表したりする【順次】。	★国語「どうぶつのひみつをみんなでさ/ぐろう」/Viscuitを用いて、動く動物をつく/り、みんなで紹介し合う【反復】【分/岐】。/○音楽「ひょうしをかんじてリズムをう/とう」/リズム譜に親しみ、簡単なリズムを演/奏したり、反復を生かしたリズムをつ/くったりする【反復】。	○算数「よみとる算数」/必要な情報を選択・処理して、問題を/解決する【分岐】。/○音楽「ようすをおもいうかべよう」/音楽作成ソフトを使って、自分なりの/音楽をつくる【順次】【反復】。		○国語「お話を紙しばいにしよう」/それぞれの場面の様子を想像し、紙芝/居にまとめる【順次】。	
育「ボールなげゲーム」/り方やよけ方、投げ方のポイントを/評価した後、気を付けることや取り/めあてなどを振り返りカードに記入/【振り返る】。	○国語「あそびのやくそくを話し合お/う」/話題に沿って話し合い、グループの考/えをまとめる【論理的に考えを進め/る】。	○生活「おもちゃを作ってみよう」/動くおもちゃや、音の出るおもちゃを/作り、楽しく遊ぶルールを考える【動き/に分ける】。	○国語「組み合わせたことばをつかお/う」/様々な複合動詞を、二つの動詞に分解/したり、複合動詞を使って短文を作った/りして、それぞれの複合動詞の意味や使/い方を考える【記号にする】。/○国語「同じところ、ちがうところ」/教科書の言葉をカードに書いて観点に/沿って仲間わけをする【記号にする】。	○国語「お話を紙しばいにしよう」/それぞれの場面の様子を想像し、紙芝/居にまとめ、発表する【振り返る】。	○音楽「音をあわせて楽しもう」/楽器の響き合いや旋律の特徴に気付/き、いろいろな音が合わさる楽しさを感/じ取りながら聴く【組み合わせる】。
			○道徳「しっかりと やりぬく心」/何事も挑戦することの価値や良さを考/える【挑戦】。	○音楽「音をあわせて楽しもう」/互いの歌声や楽器の音を認め合いなが/ら、気持ちを合わせて歌ったり演奏した/りする【多様性】。	○図工「ともだち 見つけた！」/身の回りをよく見て、隠れている友達/を見付ける【試行錯誤】。
工「すてきなもの いっぱい」/材料を集めて、話し合うためのルール/ナーを理解する鑑賞する。					○音楽「音をあわせて楽しもう」/楽器の響き合いや旋律の特徴を鑑賞し合/うにルールやマナーを理解する。
		○体育「とびあそび」/周囲の安全を確認しながら、状況に応/じて相手に的確な情報を発信する。			
生活「みんなのはっけんをあつめよ/他の人が作成したものには、その人の/引があることを理解し、大切に扱う。	○道徳「ものや おかねを たいせつ/に」/人の作ったものを大切にする心をも/つ。				

その5．無償で使える個別学習サービス例

・タイピング練習と評価【e-typing】
https://www.e-typing.ne.jp/

詳細な評価が
出るので，継
続的に取り組
みやすい

【特徴】・登録不要で何とでも練習可能
　　　　・問題が週1回更新，ローマ字・英語対応

地図ドリル
・【Start Point】　https://www.start-point.net/

・「クリックして答える」，「入力して答える」のどちらかの選択が可能

・100マス計算の演習プログラム（高知工科大学）
http://www.core.kochi-tech.ac.jp/m_inoue/work/100-cell_calc.html

【特徴】
・時間を測定できる
・自動で答え合わせ
・何度でも取り組める

eboard（映像授業とデジタルドリルで学べるICT教材）
https://info.eboard.jp/

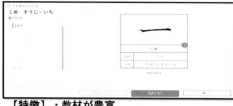

【特徴】・教材が豊富
　　　　（小：算数，理科，社会，漢字 中：国語，数学，理科，社会，英語 高：数Ⅰ）
　　　　・公立学校なら無料で利用可能

その６．ICT 機器をツールとして活用することを目的とした指導案

特別支援学級（特別活動・生活科・家庭科）

■単元名
　レッツ！トライ！Cooking！　－そだてたさつまいもでスイートポテトを作ろう－

■趣旨
　参観日におうちの人たちと一緒に調理実習にチャレンジをすることを計画した。今回は自分たちで育てたさつまいもを使って，スイートポテト作りにチャレンジをする。児童たちは，おうちの人たちとの活動を楽しみ，自分たちで育てた野菜がおいしいお菓子に変身することにわくわくしながら取り組むだろう。さつまいもの苗の植え付けや毎日のお世話，収穫等，日々の学習活動もおうちの人たちに伝えるために，撮影した写真や動画を紹介する時間も設ける。一人一人の頑張りを認め合い，成長を感じ合いながら調理実習を行いたい。従来は作り方や調理のポイントを模造紙に書いて提示することが多かったが，スイートポテトの作り方を動画で観ることに加え，皮の向き方や蒸かし方，つぶし方などを分かりやすく示した動画を利用して，理解を深めさせたい。日ごろお世話になっている支援員さんや校長先生，教頭先生も招いて，素敵なティーTime を楽しみたい。

（１）本時の目標
・調理の手順に沿って，切ったり，つぶしたり，形を整えたりすることができる（知・技）。
・おうちの人やクラスの友達と一緒に，楽しんで活動に参加しようとする（主）。

（２）本時の展開

過程	学習活動，主な発問（T）予想される児童の反応（C）	○指導上の留意点・●評価	備考 ICT 活用
導入	1　本時のめあてを確認する。	○出来上がりのスイートポテトを写真で提示し，学習のゴールを確認させる。	電子黒板 写真
	そだてたさつまいもでスイートポテトをつくろう		
展開	2　手順を確認する。 ・洗う　・皮をむく ・小さく切る　・蒸す ・つぶす　・味付けをする ・形を整える　・後片付けをする ・試食をする 3　調理をする。	○作り方を動画で確認させる。 ○一つ一つの作業を動画で確認させる。 ○できるだけ自分で作業するよう支援をする。 ●手順を理解して調理することができる（実習の様子）。 ●楽しんで取り組んでいるか（発言，実習の様子）。	動画再生 Youtube 再生
	4　試食をする。 ・苗の植え付けや日ごろのお世話，収穫のことを写真や動画で紹介する。 ・食べた感想を伝え合う。 ・記念撮影をする。	○水やりや収穫のこと等，一人一人，頑張ったことや大変だったことを発表させ，それぞれの成長を喜び合わせる。 ○おうちの人からも感想を言ってもらう。	動画再生 写真 写真撮影

■単元名　たんけん！はっけん！"はる"のあしおと♪　−小さな"はる"をさつえいしよう−
■趣旨
　生活科の春見つけの単元で，写真撮影機能を使って春を見つけるという活動を行う。従来であれば，見つけたものを観察カードにスケッチしたり文章で表現したりする活動となる。しかし，絵や文章では，なかなか人に伝わりづらいことが多い。そこで，写真撮影機能を使うことで，その瞬間の本物を収めることができる。児童が撮影したものをクラスで共有することで，友だちの撮影した場所に行ってみて観察をすることにもつながり，学びの広がりが期待できるだろう。タブレットを使用し，「どこに，どんな春があるか」ということに注目させながら，わくわく感に溢れた学習の入り口を演出したい。

（1）本時の目標
　・冬から春への自然の変化に気付くことができる（知・技）。
　・楽しんで春の訪れを見つけ，共有後にさらに調べたり，探したりしようとする（主）。

（2）本時の展開

過程	学習活動，主な発問（T）予想される児童の反応（C）	○指導上の留意点・●評価	備考ICT活用
導入	1．本時のめあてを確認する。	○桜の満開の写真や，虫が活動している写真を見せ，「春」を意識させる。	タブレット
	春を見つけ，写真撮影をしよう！		
展開	2．校庭に出て自然の写真を撮影する。	○見つけたものは何枚でも撮影させる。○ものに近づいて，よく観察させる。○写真のズーム機能を使い大きく撮影させる。○場所が分かる写真も撮らせる。●楽しんで春を見つけることができる（行動）	写真撮影
	3．グループで撮った写真を共有し，発表する。・場所・植物の名前・様子	○写真を電子黒板で共有し，一人一人発表させる。●気づいたことを伝えることができる（発表）	画像の共有オクリンク
	4．冬と春を比べてみる。・色の違い・大きさの違い・形の違い・周りの様子の違い	○事前に撮っておいた冬の自然の写真を児童に送り，冬と春の自然の比較をさせる。○気づいたことを発表させる。●冬と春の違いに気づくことができる（発表）	写真提示
	5．ふりかえり	○たくさんの写真をみて，調べたいことなどを発表させる。●調べようしているか，さらに探そうとしているか。（ワークシート　発表）	

■単元名　真実は一つ！"はこ"のヒミツをときあかせ！　－二つの箱を比べて考えよう－
■趣旨
　直方体と立方体を取り上げ，二つを比べながら，同じところや違うところについて気づかせ，「面」「辺」「頂点」についての理解を深めさせる。従来は，箱の面を画用紙に書き写すことで，面の数や，形が正方形なのか長方形なのかに注目させてきた。また，実際に箱の辺や頂点をペンでなぞり，数を数えさせたり長さを測ったりした。これらの体験的な活動は非常に意味のあることである。しかし，丁寧に書き写したり，箱にペンでチェックしたりすることは正確さに書けることでもある。そこで，教科書のQRコードを読み取り，シミュレーション動画を見ることを取り入れたい。箱を展開したり実際は見えない裏側の辺に注目したりして，より理解は深まるだろう。また，電子ドリルで学習の定着を図り，個々の学習の見取りもしっかりと行っていきたい。

（1）本時の目標
　・面，辺，頂点について理解することができる（知・技）。
　・二つの箱を比べての同じところやちがうところに気づくことができる（思・判・表）。
　・シミュレーションをしながら，理解しようとする（主）。

（2）本時の展開

過程	学習活動，主な発問（T） 予想される児童の反応（C）	○指導上の留意点・●評価	備考 ICT活用
導入	1．本時のめあてを確認する。 二つの箱を比べて考えよう	○めあてを掲示する。 ○色々な大きさや形の箱を用意し，実際に触らせながら，興味や関心を高める。	
展開	2．二つの箱を比べて考える。 ・四角でできているよ ・むかいあっているね ・角がいくつもあるよ ・さいころに似ているよ ・ティッシュのはこだね	○比べて気づいたことを自由に発表させる。 ○出た意見を「面」「辺」「頂点」につながるようにグループ分けをしながら板書をする。 ○「面」「辺」「頂点」について押さえる。 ●「面」「辺」「頂点」について理解する。 　　　　　　　　　　　　　　　　（発表） ●同じところや違うところを比べ理解する。 　　　　　　　　　　　　　　　　（発表）	
	3．QRコードを読み込んでシミュレーション動画をみて考える。	○タブレットを使用させ，QRコードを読み取らせる。 ○動画や展開図に注目させ，理解したことを確認させる。 ●楽しんで活動しているか（行動）。	タブレット QRコードの読み取り
	4．練習問題をする。	○電子ドリルに取り組ませる。 ●「面」「辺」「頂点」について理解する。 　　　　　　　　　　　　　　　　（ドリル）	電子ドリル

■単元名　素敵な音楽を奏でます！３-１コンサート開演！　－主旋律を意識して演奏しよう－
■趣旨

　主旋律の特徴をつかみながら，音楽の三要素である，「メロディー」「ハーモニー」「リズム」を意識し，グループで演奏をする。主旋律（メロディー）に対して，対旋律の音の大きさやバランスを考えさせたい。また，その他の楽器との音の重なりにも関心を持ちながらグループで演奏をさせる。

　自分以外の音を聞きながらタイミングを合わせるのは３年生にとっては非常に難しいことである。また，メロディーを聞きながらバランスの良いハーモニーを奏でることも，非常に難しい。教師がグループの練習に常に付き合えればよいが，教師一人ではなかなか難しい。そこで，演奏練習の際，リズムを合わせるためにメトロノーム機能を使用する。そして，演奏を動画撮影もしくは録音をし，自分たちで演奏を振り返りながら，よい演奏にするために話し合ったことを次の練習に生かすという活動をさせる。教師のアドバイスを受けるとともに，自分たちで演奏を創り上げるという主体性を大切にし，発表会へとつなげていきたい。

（１）本時の目標
　・互いの音を聞き，バランスや強弱をたしかめながら演奏することができる（知・技）。
　・演奏を再生し振り返る中で，演奏をレベルアップさせるために話し合う（思・判・表）（主）。

（２）本時の展開

過程	学習活動，主な発問（T） 予想される児童の反応（C）	○指導上の留意点・●評価	備考 ICT活用
導入	１．本時のめあてを確認する。	○めあてを掲示しておく ○演奏曲を提示する。（３曲の中から選ぶ） 　パフ，きらきら星，エーデルワイス	音源（CD）
展開	２．３曲の主旋律を確認する。	○すでに練習した３曲の主旋律を確かめさせる。 ○主旋律の確認はリコーダーでさせる。	
	グループで選んだ曲を練習しよう		
	３．グループで練習をする。 　・楽器決め 　・役割分担 　　　↓ 　 練習	○楽譜を見て，どの楽器でどの旋律を演奏するのか，またその役割を話し合わせる。 ○鍵盤楽器，打楽器などを準備し，試奏ができるコーナーを作っておく。 ○タブレットの メトロノーム を使わせる。 ●バランスや強弱に気を付けて演奏ができる。 　　　　　　　　　　　　　　（演奏練習）	タブレット メトロノーム 録画・録音
	４．録画や録音を再生して，自分たちの演奏をふりかえる。	○何度も再生させて，よかった点，改善点を話し合わせ，次の練習につなげさせる。 ●演奏をどうしたいかを考えることができる。 　　　（ふりかえりワークシート　発言）	録画再生 録音再生

■単元名　目指せ！ベストフォーム！ベスト RUN！　－理想のフォームで目標達成をしよう－
■趣旨
　各学年の目標に応じて，長距離走に取り組んでいる。走る距離を伸ばすことや記録を伸ばすことだけを，目標に定めることが多いことや，効果的な指導や支援が行われていないことが気になる点である。時間内に走れる距離を伸ばすことや速く走ることも大切な要素だが，それでは，元から得意な児童のみが評価されてしまうことにもなりかねない。ここでは，長距離走に適したフォームを改善しながら，一定のペースで走ることに目標を置き，一人一人が目標をどれだけ達成したかをしっかりと見取るためにも，ICT 機器の活用を取り入れたい。

（１）本時の目標
　・長距離走に適したフォームやペースを意識し，走ることができる（知・技）。
　・自分の走りを撮影し，フォームを改善することができる（思・判・表）。
　・二人組で動画を確認し，アドバイスをし合いながら改善ポイントを話し合おうとする（主）。

（２）本時の展開

過程	学習活動，主な発問（T） 予想される児童の反応（C）	○指導上の留意点・●評価	備考 ICT 活用
導入	１．本時のめあてを確認する。	○めあてを確認させるために動画を提示する。	長距離走のお手本動画
展開	２．準備体操をし，長距離走をする上での大事なポイントを確認する。	○長距離走での大事なポイントを確認する。 ・腕を前後に振る。 ・一定の決まったペースで走る。	フォームのお手本動画 動画撮影
	３．５分間のアップ走をする。	○フォームとペースについて，声をかけながら児童のアップ走を支援する。 ●フォームやペースを意識して走ることができる。（行動）	
	長距離走を撮影して，自分のフォームやペースを確認しよう		
	４．２人組で長距離走を行う。 ・１人がフォームを撮影し，タイムを記録する。 ・自分が決めたペースで走るよう，ペアが声をかける。 ・一周ずつタイムを教える。	○一定のペースで走るように促す。 ○２人組で動画を見て，改善できるポイントを２人で探す。 ○走る距離を４分割して，ペースが一定で走ることができているかペアで確認させる。	動画撮影 スロー再生
	５．お手本動画と自分の走りを確認し，改善できるポイントを学習カードに書く。	●改善点に気づくことができる。 （発言・学習カード）	
	６．自分のタイムをエクセルに記入する。	○自分の設定目標を達成することが大事だということを伝える。	表計算ソフトの活用

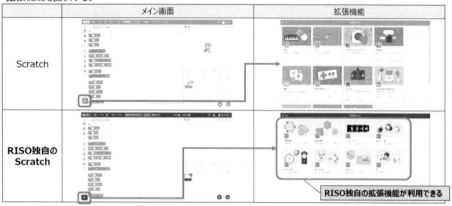

図1　RISO 独自の Scratch について

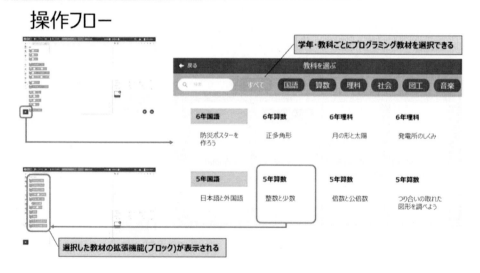

図2　操作フロー画面

　図1より，RISO 独自の Scratch とは，授業内容に応じて，子供も授業者も，便利で効率的に使える新しいブロック（以下，拡張機能）である。令和4年度より，筆者が共同開発研究に関わることになり，情報活用能力に関する各学年の年間計画と共に，拡張機能を取り入れた各単元の配列等を進めている。

　図2は，操作フロー画面である。「資料を選ぶ」より，これまでに開発した拡張機能が表示される。すでに，魅力あふれるコンテンツが複数完成・提供出来る状態である。

拡張機能の考え方

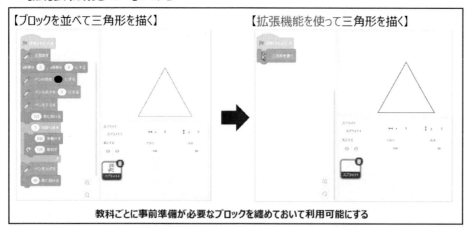

図3　拡張機能の考え方

拡張機能例①

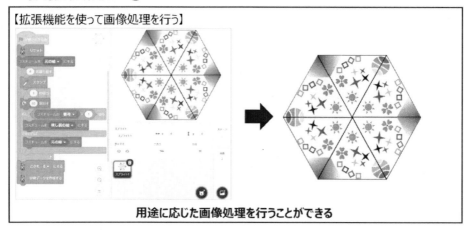

図4　拡張機能例①

　図3より，拡張機能の考え方を説明する。算数科の授業の中で，Scratch を活用して三角形を描く授業をする場合が多い。通常，左画面のように，複数のブロックを並べて，三角形を描くプログラムを完成させる。一方，右画面は，拡張機能を使った場合のプログラムである。この場合，「三角形を書く」のブロックを置くだけで，プログラムが完成している。このように，事前準備が必要なブロックをまとめておいたブロックが拡張機能である。
　図4は，拡張機能を使って画像処理を行った事例の一つである。

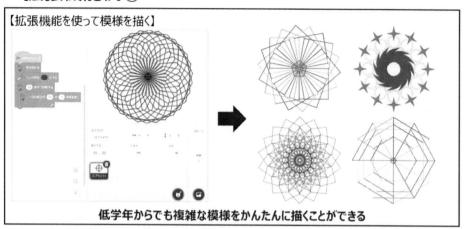

図5　拡張機能例②

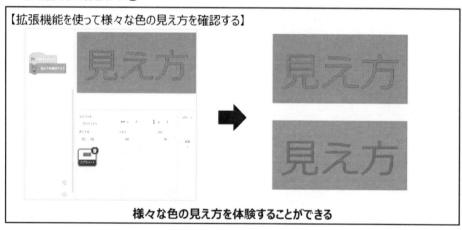

図6　拡張機能例③

　図5は，拡張機能を使って模様を描いている場面である。これは，複雑な模様が描けるようにするための拡張機能を予め複数設定しておいた。子供達は，それらの拡張機能を活用して模様を描いているのである。拡張機能があることで，低学年の子供でも，このような美しい模様を描き，感性や立体感覚を育成することが出来る。

　図6は，拡張機能を活用することで，同じ図形や模様が別な見え方をすることを可能にする事例である。特に，算数科の図形は，様々な角度から見ることで，図形に対する見方・考え方を容易に変容させることが期待出来る。

その8．総合的な学習の時間で使えるプログラミング教材（オーロラキュート）[5]

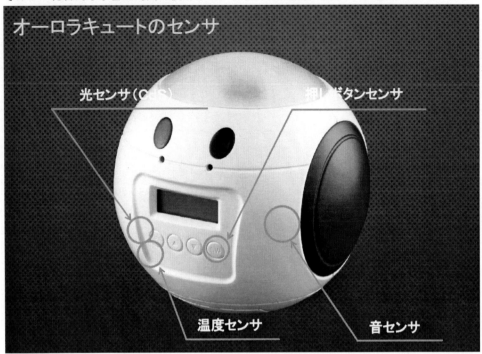

図1　オーロラキュートの各センサ

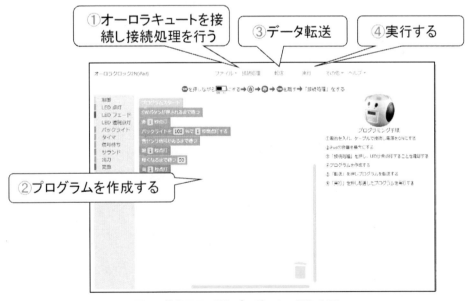

図2　操作画面（LED プログラムの制御手順）

　図1より，オーロラキュート本体と，各センサが示されている。本体には，4種類のセンサが搭載されている。図2は，LED プログラムの制御手順を示した操作画面である。

表1　小学校3年生を対象とした指導計画表（筆者が一部改変）

【指導計画　3時間完了】

時数	学習内容	主な学習活動
第1時	プログラミングについて知ろう！	①　プログラミングジャンケンをする。 ②　Society5.0の動画を視聴し，様々な機械の制御には，プログラミングが関わっていることを知る。 ③　プログラムやプログラミングの定義について知る。 ④　オーロラキュートの使用方法を理解する。 ⑤　LED点灯を活用したブロックプログラミングをすることを通して，順次処理の方法を学び，実践する。 ⑥　振り返りシートを用いて振り返りを行う。
第2時	プログラミングにチャレンジ！	①　LED点灯機能を活用したブロックプログラミングを活用して，順次処理の仕方を振り返る。 ②　「オリジナル信号機を作ろう」という目標を立て，その実現を目指して，プログラムを作成する。 ③　隣の席の子とオリジナル信号機を発表し合う。 ・オーロラキュートの点灯を見せるだけでなく，つくったプログラムの色の意味を紹介する。 ④　振り返りシートを用いて振り返りを行う。
第3時	プログラミングを活用しよう！	①　LED点灯機能を活用したブロックプログラミングを活用して，順次処理の仕方を振り返る。 ②　「それぞれの班で紙面上の十字路に信号機を作ろう」という目標を立て，その実現を目指して，プログラムを作成する。 ③　近くの班と作った信号機を発表し合う。 ※作品は近くの班と共有し相互評価できるとよい。 ④　振り返りシートを用いて振り返りを行う。

※　児童の実態に応じて，第4時を設け，第3時の学習をさらに深められるようにしてもよいでしょう。

指導時間の位置付けについて

　3年生におけるプログラミング学習は，総合的な学習の時間の年間指導計画に位置付け，他教科の内容と関連付けるとよいでしょう。

　表1は，小学校3年生を対象とした3時間構成である。表1の他，毎時間の授業の流し方及び使用可能な提示資料，ワークシートも準備しているので，お勧めの教材である。

引用・参考文献

第 1 章

1）Carl Benedikt Frey†and Michael A. Osborne, THE FUTURE OF EMPLOYMENT: HOW SUSCEPTIBLE ARE JOBS TO COMPUTERISATION?, https://www.oxfordmartin.ox.ac.uk/downloads/academic/The_Future_of_Employment.pdf, 2013

2）文部科学省，小学校学習指導要領（平成 29 年告示）解説総則編，2017

3）田村学，「深い学び」を実現するカリキュラム・マネジメント，文溪堂，2019

4）文部科学省，小学校学習指導要領（平成 29 年告示）解説　総合的な学習の時間編，2017

5）磯部征尊，必須化！小学校のプログラミング学習　成功する全体計画＆授業づくり，学芸みらい社，2020

6）文部科学省，第 4 章　情報教育の体系的な推進，「教育の情報化に関する手引」について，http://www.mext.go.jp/component/a_menu/education/detail/__icsFiles/afieldfile/2010/12/13/1259416_9.pdf，2010

第 2 章

1）四色板書とは，筆者が，指定商品又は指定役務並びに商品及び役務の区分として商標登録した用語（登録第 6160241 号）である。

2）愛知県愛西市立永和小学校，かかわり合い　共によりよく生きる子の育成　～主体的・対話的で深い学びを実現する授業実践を中心に～，平成 31 年度（令和元年度）・令和 2 年度　海部地方教育事務協議会委嘱研究，2021

3）高知県越知町立越知小学校，おち版　まー・ナビ　～学びのセルフガイド～，2020

4）文部科学省，小学校学習指導要領（平成 29 年告示）解説　総合的な学習の時間編，2017

5）田中博之（監修）・磯部征尊（編著）・学級力向上研究会・編，学級力を高めるはがき新聞の活用 2　小・中学校での活用事例，公益財団法人理想教育財団，2019

6）新潟大学教育学部附属新潟小学校，「対話する」スキルで子どもが変わる！授業が変わる！，阿部印刷株式会社，2016

7）愛知県豊田市立元城小学校，「論理的思考を身に付け，ともに学び合う元城っ子の育成」　－プログラミング教育を取り入れた授業づくりを通して－，豊田市教育委員会指定　研究推進校（学習指導），2020

第 3 章

1）磯部征尊，小学校技術教育の評価規準の開発とスタンダード準拠評価の実践，平成 19 年度科学研究費補助金（奨励研究）研究成果報告書，課題番号 19906040，2008

2）1999 年版ナショナルカリキュラムの教育課程基準を研究対象としている。2014 年版ナショナルカリキュラムでは，学習到達目標は，設定されていない。

3）Department for Education and Employment and Qualifications and Curriculum Authority, *The*

National Curriculum for England, Key Stages 1－4，1999，p.42

4）本実践は，神子島強・磯部征尊・幸田桃子・山崎貞登，総合的な学習の時間における
スタンダード準拠評価の実践と評価事例集の開発，日本農業教育学会第65回講演会
（南九州短期大学），pp.43-46，2007の発表内容を引用・改変している。

5）本実践は，磯部征尊，3年生総合　どんなおやつがいいの？　～「おやつの上手なと
り方」について考えよう～，家庭科研究大会研究紀要（所収），pp.48-49，2009の発
表内容を引用・改変している。

6）本実践は，川浦友裕教諭の実践であり，田中博之（監修）・磯部征尊（編著）・学級力
向上研究会・編，学級力を高めるはがき新聞の活用2　小・中学校での活用事例，公
益財団法人理想教育財団，pp.61-63，2019より引用・改変している。

7）文部科学省，小学校学習指導要領（平成29年告示）解説総則編，2017

8）合同会社デジタルポケット会，ビスケット，http://www.viscuit.com/

9）一般社団法人電子情報技術産業協会，アルゴロジック，https://home.jeita.or.jp/is/highschool/algo/index.html

10）株式会社アーテック，アーテックロボ　Studuino，http://www.artec-kk.co.jp

11）本実践は，河村泰実教諭の実践であり，田中博之（監修）・磯部征尊（編著）・学級力
向上研究会・編，学級力を高めるはがき新聞の活用2　小・中学校での活用事例，公
益財団法人理想教育財団，pp.58-60，2019より引用・改変している。

第4章

1）磯部征尊，GIGAスクールの先を見据えて　～情報活用能力を育てるために必要な課
題とは～（寄稿），『教育への扉』，竹谷出版学術ジャーナル（第2巻　第1号），
https://www.taketani-pub.com/教育への扉/，2022

2）文部科学省，小学校段階におけるプログラミング教育の在り方について（議論の取り
まとめ），小学校段階における論理的思考力や創造性，問題解決能力等の育成とプロ
グラミング教育に関する有識者会議，http://www.mext.go.jp/b_menu/shingi/ chousa/shotou /122/attach/1372525.html，平成28年6月16日

3）日本経済新聞，小中高のプログラミング，習熟にばらつき　文科省初調査，
https://www.nikkei.com/article/DGXZQOUE2676R0W2A221C2000000/

4）言葉のポケットは，理想教育財団（https://www.riso-ef.or.jp）の助成物品の一つであ
る。

5）熊本県教育委員会，熊本県情報活用能力育成ガイド，2021，
https://www.pref.kumamoto.jp/uploaded/attachment/169447.pdf

6）愛知県義務教育問題研究協議会，「1人1台端末の有効的な使い方」事例集，2022，
https://www.pref.aichi.jp/uploaded/attachment/411496.pdf

7）岐阜県教育委員会　学校支援課，学びを変えるICT活用ガイド～令和2年度ICT活用
実践事例集～，2020，https://www.pref.gifu.lg.jp/uploaded/attachment/238445.pdf

8）AIテキストマイニング，ユーザーローカル社，https://textmining.userlocal.jp

9）熊本県立教育センター，ここからはじめる ICT 活用ガイド，2020,
　　https://www.pref.kumamoto.jp/site/kyouiku/76657.html

10）Slido，インタラクティブ投票サービス，https://www.slido.com/jp

11）秋田県 ICT 事業推進に係る検証改善委員会，2021，ICT の効果的な活用による学校改
　　善支援プラン，https://common3.pref.akita.lg.jp/manabi/p4085

12）愛知県義務教育問題研究協議会，「1人1台端末の有効的な使い方」事例集，2022,
　　https://www.pref.aichi.jp/uploaded/attachment/411496.pdf

13）渡辺光輝・井上嘉名芽他，逆引き版 ICT 活用ハンドブック，東洋館出版社，2022

14）Kahoot，ゲーム型授業応答システム，https://kahoot.com/schools-u/

資料

1）愛知県豊田市立元城小学校の「令和3年度豊田市立元城小学校現職教育資料『思考
　　の言葉集』〜子どもの論理的思考を引き出す働きかけ〜，2021」の資料の一部であ
　　る。

2）磯部征尊，教えて！！プログラミング教育，実践紹介001　小学校におけるプログラ
　　ミングに関する学習の実際と今後の方策，https://ten.tokyo-shoseki.co.jp/detail/101771/,
　　2017

3）本資料は，磯部（2020）（第1章の引用文献5））に所収されている資料の一部であ
　　る。

4）本資料は，Scratch の拡張機能を共同開発している理想科学工業株式会社の関係者より
　　得た資料である。

5）本資料は，共同研究している久富電機産業株式会社の関係者より得た資料である。

あとがき

　はじめにの最後に書きました通り，子供が自ら主体的かつ，能動的に探究するために必要なポイントは，「本物の人・もの・ことに出会わせること」，「学習集団全体の問い（学習課題）をつくること」，「子供に探究の方法・手順を選択させること」です。

　「本物の人・もの・ことに出会わせること」の具体の姿は，「なるほど！○○な見方があるのか」，「△△ではなく，□□を行うことが大切なのか」等と，情意を伴って理解すること，すなわち，実感を伴って見方や考え方を変容した姿です。このような姿に変容するためには，子供一人ひとりが対象との関わりが深くなるのか，そして，対象に対する思いがどれだけ高くなるのかが鍵になります。

　「学習集団全体の問い（学習課題）をつくること」のためには，授業者が，学習集団全体の問い（学習課題）を子供とつくり上げていくことが大切になります。

　「子供に探究の方法・手順を選択させること」のためには，適切な情報を持たせる場を設定すること，つまり，間接的な働き掛けを行いつつ，子供が自ら考えた方法や手順で取り組ませることです。時間や状況によっては，そのような場を設定できない場合があります。その場合には，授業者が提示した方法や手段の中から選択させたり，取り組む手順を提示したりしながら取り組ませることになります。総合的な学習の時間は，授業者の力量が大きく問われる存在です。だからこそ，本書では，「本物」の総合的な学習の時間を目指す糸口になることを期待し，総合的な学習の時間の目標や内容，評価方法，ICT機器の活用方法等を整理しました。

　本書を執筆するにあたり，私の修士・博士時代の恩師である山崎貞登教授（上越教育大学大学院）からは，英国・米国の比較教育研究の基礎・基本を20年もの間ご教授いただいております。また，平林千恵教諭（はつしば学園小学校），向田識弘講師（金沢学院大学），高知県越知町立越知小学校，愛知県愛西市立永和小学校，愛知県豊田市立元城小学校の関係者の皆様等，関係の皆様の多大なるご理解とご協力のおかげで，総合的な学習の時間を中心とした問題解決的な授業を進める四色板書の理論を広く提供する機会をいただきました。特に，思考の言葉とICT機器の効率的かつ，効果的な活用は，他教科にも活用できる内容としてまとめることが出来ました。皆様には，心より感謝申し上げます。

　最後になりますが，これまで支えてくれた我が家族（亜樹，誓眞）と，数多くの実践研究協力者の皆さんにも感謝の意を表します。本当にありがとうございました。今後も，日本の子供たちの学力向上のために，四色板書の理論を中心に，魅力ある問題解決的な授業づくりを普及していきます。

愛知教育大学

准教授　磯部　征尊

ルーブリックの視点で進める総合的な学習の時間がすごい！
思考の言葉とICT機器を活用して

2023年3月15日　　初版発行

著　者　　磯部　征尊

発行所　　株式会社　三恵社
〒462-0056 愛知県名古屋市北区中丸町2-24-1
TEL 052 (915) 5211
FAX 052 (915) 5019
URL http://www.sankeisha.com

乱丁・落丁の場合はお取替えいたします。

ISBN978-4-86693-767-0